Haïti,
la perle nue

Des mêmes auteurs (extraits)

GÉRARD BARTHÉLÉMY, *Le Pays en dehors, étude sur le milieu rural haïtien*, Port-au-Prince, Éditions Henri Deschamps, 1989 ; *L'Univers rural haïtien*, Paris, L'Harmattan, 1991.

Les Duvaliéristes après Duvalier, Paris, L'Harmattan, 1992.

La République haïtienne, Paris, Karthala, 1993, ouvrage collectif sous la dir. de Ch. Girault et de G. Barthélémy.

Dans la splendeur d'un après-midi d'histoire, anthropologie et histoire d'Haïti, Port-au-Prince, Éditions Henri Deschamps, 1996 ; *Créoles-Bossales. Conflit en Haïti*, Matoury, Ibis Rouge Éditions, 2000.

MIMI BARTHÉLÉMY, *Le monstre Bagay*, Paris, L'Harmattan, 1989.

Contes diaboliques d'Haïti, Paris, Karthala, 1995.

Tout un monde à raconter, Canada, Québec Amérique, 1996.

Kangio la tortue chanteuse et autres contes d'animaux, Paris, Syros, 1996.

Cabri, cheval et tigre, La Roque-d'Anthéron, Vents d'ailleurs, 2001.

Vieux Caïman, Aubais, Éditions Lirabelle, 2003.

La Clé du savoir, Port-au-Prince, Éditions Hachette-Deschamps, 2003.

L'Histoire d'Haïti racontée aux enfants, Montréal, Mémoire d'encrier, 2004.

Haïti conté, Genève, Éditions Slatkine-Sodifer, «Le Miel des Contes», 2004.

Fou et le Monstre à sept cornes, Port-au-Prince, Éditions Hachette-Deschamps, 2005.

Pourquoi la carapace de la tortue, Paris, Seuil, «Petits contes du tapis», 2006.

Dis-moi des chansons d'Haïti, Paris, Kanjil Éditeur, 2007.

Crapaud et la clef des eaux, Paris, Syros, «Paroles de conteurs», 2007.

Le Fulgurant, Paris, Paris, Kanjil Éditeur, 2007.

L'exploit des huit petits orphelins, Editha-Les Éditions haïtiennes, 2007.

CHRISTOPHE WARGNY, *Aprè bal tanbou lou, cinq ans de duplicité en Haïti* (en collaboration avec Pierre Mouterde), (distribution Vents d'ailleurs), 1997.

Haïti n'existe pas, 1804-2004, deux cents ans de solitude, Paris, Autrement, 2ᵉ édition 2008.

Les esclavages du XVIᵉ siècle à nos jours, Paris, Autrement, 2008.

Édition : Jutta Hepke et Gilles Colleu
Conception graphique, mise en page, photogravure : Ici & ailleurs
Réécriture, corrections (première édition) : Aline Sibony-Ismaël
Corrections (édition 2010) : Anne Dellenbach-Pesqué
Corrections du créole : Reynold Henrys
Photo de la couverture : Fred Koenig

Pour le Canada :
ISBN : 978-2-923713-31-1
Mémoire d'encrier, Montréal
www.memoiredencrier.com

Pour le monde à l'exception du Canada :
ISBN : 978-2-911412-71-4
© Vents d'ailleurs-Ici & ailleurs, La Roque-d'Anthéron
www.ventsdailleurs.com
info@ventsdailleurs.com

Gérard Barthélémy • Mimi Barthélémy

avec l'aide de Christophe Wargny
pour la nouvelle édition

Haïti,
la perle nue

L'environnement au cœur d'un destin

En 1492, Christophe Colomb débarqua sur l'île qu'il nomme Hispanolia. Terre des Indiens arawaks que gouverna la reine Anacaona. Cinquante ans après, le travail forcé les avait tous tués.

L'île devint terre des boucaniers et des flibustiers. Des pirates. Installés à la Tortue, un îlot plus célèbre, au bord de la grande île oubliée.

Oubliée ? Les Français, devenus maîtres des lieux, en font au XVIIIe siècle la plus riche colonie du monde. La «perle des Antilles» pour les planteurs et les négociants du sucre, du café, de l'indigo, des épices… L'enfer pour les esclaves noirs transportés d'Afrique par bateaux négriers.

L'espoir enfin ? En 1804, après une guerre féroce contre l'armée coloniale, triomphent les esclaves… devenus libres. Saint-Domingue, première république noire, devient indépendante. Et retrouve son nom indien : Haïti.

Haïti partage l'île d'Hispanolia avec un autre État, la République dominicaine. Personne ne pardonnera à Haïti d'avoir défié les grandes puissances. La «perle des Antilles», devenue demi-île de liberté, est mise en quarantaine. Isolée, oubliée. Punie. Tant qu'il y a pour chacun assez de terre, on s'en sort, malgré les tyrans qui gouvernent à Port-au-Prince.

Début du XXIe siècle : on ne s'en sort plus ! La survie devient cauchemar pour les deux Haïtiens sur trois qui mangent mal et ne savent ni lire ni écrire. Un petit million lors de l'indépendance, les habitants sont maintenant plus de neuf millions, sans compter ceux qui ont quitté une île sans perspectives.

L'école, la santé, l'emploi, l'environnement… La situation du pays est catastrophique quand, en 1990, les élections, pour la première fois honnêtes, portent à la présidence Jean-Bertrand Aristide. Son programme : faire passer Haïti de la misère indigne à la pauvreté digne. Justice partout. Il n'y parvient pas pendant son premier mandat. Lui et son parti, Lavalas, finissent par tourner le dos à l'objectif et sont chassés en 2004. Le bilan est finalement désastreux. D'autant que l'espoir suscité était immense.

Les problèmes demeurent. Dramatiques. Les derniers arbres deviennent poussière, c'est-à-dire charbon de bois pour cuire les aliments. Les violentes averses tropicales lessivent d'autant plus que le sol est pentu et sans protection. Les cyclones y sont plus meurtriers qu'ailleurs.

Depuis trente ans, les surfaces vraiment cultivables ont diminué de moitié quand la population a presque doublé. Ce qui diminue l'espace utile à chaque paysan. Plus de la moitié des Haïtiens sont toujours des ruraux qui n'ont guère d'autres ressources que la terre. Sans arbres, sans engrais, sans formation et sans moyens pour se nourrir. Le tremblement de terre de Port-au-Prince, en 2010, exceptionnellement meurtrier, témoigne d'un urbanisme pire qu'imprévoyant : chaotique.

Dans le pays le plus appauvri des Amériques, celui de collines arrosées mais sans végétation, celui de villes meurtries par les aléas climatiques et tectoniques, la misère engendre l'imprévoyance et l'incapacité à anticiper. Les hommes ont souvent montré leur capacité à résister, à imaginer un autre avenir. Haïti n'est pas vouée à devenir un désert surpeuplé. Mais il faut se hâter. La reconstruction d'après séisme peut-elle être l'occasion de poser, et de résoudre, les lancinants problèmes du pays ? Aménager le territoire et dispenser à tous une éducation citoyenne, ce serait enfin respecter et les hommes et leur cadre de vie.

Christophe Wargny

Un environnement modelé par l'histoire

Dife Flanbo et Loraj Kale (page 22)

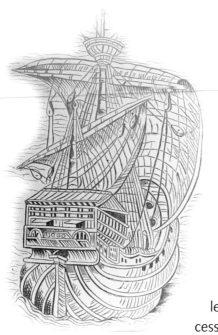

Un peu d'histoire pour comprendre

Il y a très longtemps, en 1492, un bateau du nom de *Santa Maria* débarque dans la baie du môle Saint-Nicolas, au nord de l'île. Christophe Colomb est le premier Européen à la découvrir et la baptise « Isla Española » (île espagnole), ce qui donna ensuite « Hispaniola ».

L'histoire de cette île est très riche : les Arawaks, les Espagnols, les boucaniers, les Français et les Haïtiens exploiteront successivement son sol, y laissant à chaque fois les traces de leur passage, maltraitant ou respectant la terre…

On peut distinguer cinq périodes essentielles.

- Les Indiens arawaks pratiquent un type de culture semi-sédentaire, se déplaçant lorsque l'environnement ne leur donne plus satisfaction.

- À partir du xve siècle, les Espagnols introduisent des animaux domestiques (porcs et bœufs). Ils pratiquent l'élevage intensif, mais les animaux détruisent les cultures des Indiens.

- Les Espagnols quittent plus tard cette partie de l'île pour la laisser entre les mains des « boucaniers », plus disposés à la cueillette et à la chasse.

- Au xviiie siècle, les colons français mettent l'accent sur les cultures d'exportation : le café, l'indigo, le coton et la canne à sucre.

- Après l'indépendance d'Haïti, en 1804, la population refuse de maintenir le système des grandes exploitations. Elle choisit une agriculture plus familiale, plus modeste, qui caractérise encore aujourd'hui la situation du pays.

Avant l'arrivée de Christophe Colomb

Quand Christophe Colomb débarque sur l'île, il croit dans un premier temps avoir atteint les Indes en passant par l'ouest, c'est-à-dire en traversant l'Atlantique. C'est pour cette raison qu'il nommera les habitants de l'île « Indiens », alors qu'il n'existe aucun rapport entre eux et leurs homonymes asiatiques.

Appelés « Arawaks », ce qui signifie « hommes pacifiques, gens de bien », ou également « Taïnos », ces « Indiens » peuplent de nombreuses îles de l'archipel des Caraïbes depuis le Ve siècle avant J.-C. Originaires de la forêt tropicale amazonienne, ils vivent d'agriculture, de chasse et de cueillette, et habitent dans de grands villages.

Les Taïnos travaillaient finement la pierre, le bois et la terre cuite pour façonner des parures, des amulettes, des outils ou des ustensiles représentant leurs dieux-ancêtres appelés zemis, véritables protecteurs du foyer.

Certains mots encore utilisés aujourd'hui viennent de leur langue : la « savane » et l'« ouragan » sont des mots arawaks. Les Indiens dégustaient déjà les « cassaves » (galettes de farine de manioc), plat traditionnel haïtien encore très répandu.

Ils cultivent le maïs, la goyave, la patate et le tabac (autres mots arawaks), ainsi que la tomate, le manioc et les arachides. Autant dire qu'ils sont très inventifs, travailleurs, et que l'île est florissante bien avant l'arrivée des Espagnols. Toutes les plaines côtières, tous les versants des montagnes sont recouverts de cultures. Certaines techniques d'irrigation (utilisation des vallées ou mise en place de buttes permettant de canaliser l'eau de pluie) sont parfaitement maîtrisées. Autour de places centrales appelées « batey », de véritables petites villes arawaks commencent à apparaître…

En 1492, les vaisseaux espagnols débarquent, transportant dans leurs cales un savoir-faire indéniable mais aussi de cruels aventuriers à la recherche d'or, qui, en trente ans, vont anéantir cette population pacifique.

L'introduction de l'élevage

Avant l'arrivée des Espagnols, la richesse de la terre d'Hispaniola est le fruit d'un travail intense et d'une organisation rigoureuse de la culture. Les nouveaux arrivants l'ignorent en introduisant de manière brutale l'élevage. La conquête de nouvelles terres et l'extraction de l'or exigent des chevaux en nombre. Le régime alimentaire des Espagnols est à base de viande de porc, de volaille, de mouton et de chèvre. L'usage du cuir exige de disposer de peaux. Toutes ces raisons expliquent un développement intensif de l'élevage sur l'île d'Hispaniola. Les conséquences sont dévastatrices. Les herbivores de grande taille détruisent les champs des Arawaks et endommagent les systèmes d'irrigation, indispensables au bon rendement de la terre. Rapidement tout l'espace agricole des Arawaks se trouve désorganisé.

La fin des Arawaks

Dans le même temps, les hommes arawaks, réquisitionnés par les

Espagnols pour travailler dans les mines d'or, sont contraints d'abandonner l'agriculture, la chasse et la pêche. Les femmes seules font désormais face à toutes ces tâches. C'est bien évidemment impossible, et l'épreuve à laquelle est soumis le peuple taïno conduira à sa disparition. Affaiblis par une mauvaise alimentation, épuisés par le travail nécessaire à leur survie, les Indiens seront terrassés par la maladie (rougeole et variole, le plus souvent) et la faim… Les armes auront raison des plus résistants. De près d'un million à l'arrivée de Christophe Colomb, on ne dénombre plus que quelques milliers d'Indiens quarante ans plus tard…

L'arrivée des esclaves

Si l'élevage prend une importance grandissante dans l'île, les Espagnols n'abandonnent pas pour autant l'agriculture. Christophe Colomb avait apporté d'Espagne, en 1493, quelques plants de canne à sucre, le fameux « roseau à miel ». Sa culture sera désormais la priorité agricole d'Hispaniola. Mais comme celle-ci nécessite

Une plantation de canne à sucre.

La coupe de la canne est un travail très pénible et demande beaucoup de main-d'œuvre. Il faut couper les tiges et les feuilles au sommet sous un soleil brûlant. Les hommes coupent la canne pendant que les femmes et les enfants en font des paquets prêts à être emportés.

énormément de main-d'œuvre et que les Indiens ont disparu, il faut « importer » de nouveaux hommes forts pour travailler dans les champs. On va donc chercher des esclaves en Afrique. La population haïtienne actuelle descend de ces Africains qui travaillaient dans les plantations de café ou de canne à sucre dirigées par les Espagnols puis par les Français.

Après la coupe, la canne est débarrassée de ses feuilles. Elle ressemble alors à de grands bâtons, qui seront broyés pour en extraire le jus.

Dans cette installation traditionnelle, la canne à sucre est broyée grâce à un moulin. Il peut être actionné par de l'eau ou, comme ici, par des chevaux.

1 Chevaux actionnant le mécanisme.

2 Table où coule le jus de canne.

3 Rouleaux qui broient la canne.

4 Récipient dans lequel coule le jus de canne.

5 Esclave apportant les cannes à broyer.

Une fois les cannes broyées, le jus est recueilli et mis à cuire. Il subit diverses opérations (cuissons multiples, séchage, mise en forme) pour être transformé en sucre. De très nombreux esclaves sont nécessaires à la réalisation de toutes ces opérations.

La concurrence est déjà rude – le Brésil contrôle alors la plus grande partie du marché de la canne – et les Espagnols n'arrivent pas à la combattre. En 1580, au moment où les couronnes espagnole et portugaise sont réunies, le sucre portugais, plus avantageux, l'emporte et la culture de la canne à sucre à Hispaniola baisse très rapidement. Les Espagnols abandonnent rapidement leurs exploitations et quittent la partie occidentale de l'île (l'actuelle République d'Haïti). La région devient une véritable friche où se multiplie un bétail revenu à l'état sauvage, tandis qu'à l'est se regroupe toute la population d'Hispaniola. C'est le début d'une rupture, encore actuelle, entre les deux parties du territoire, devenues aujourd'hui deux pays différents : Haïti et la République dominicaine.

Haïti : colonie française

Ce sont d'abord des aventuriers blancs soutenus par la France qui vont prendre possession de la partie ouest de l'île. Ils portent le nom de **boucaniers** et pratiquent surtout la chasse et la cueillette. Les agrumes (oranges, citrons et mandarines) sont leurs fruits de prédilection. Ils permettent, grâce à leurs vitamines, de prévenir le **scorbut**, une maladie qui affecte souvent les marins. Ces fruits peuvent donc servir de monnaie d'échange avec les navigateurs et les pirates (les **flibustiers** qui occupent l'île de la Tortue). Sur cette terre en friche, les boucaniers chassent les bœufs revenus à l'état sauvage et vendent leur viande séchée aux équipages de passage.

Boucanier : le nom vient de « boucan », le mot indien qui indique le feu qui permet de sécher et donc de conserver la viande pour la vendre aux équipages de bateaux.

Scorbut : maladie due à l'absence de vitamine C et qui se manifeste quand on ne mange pas de produits frais.

Flibustiers : aventuriers pirates qui, du XVIᵉ siècle au XVIIIᵉ siècle, pillent les vaisseaux et les possessions espagnoles en Amérique.

Un grand nombre de plantes nouvelles est alors découvert. Des fruits comme l'ananas, la grenade, l'abricot, la papaye ou la mangue se révèlent délicieux et gorgés de vitamines. Le latanier sert à confectionner des chapeaux, des paniers, etc. L'indigotier et le roucouïer interviennent dans la fabrication de teinture.

Abricot des Antilles

Ananas conique

Cactier réticulé

Cocotier

Grenadier sauvage

Indigotier franc

Très tôt, l'indigo, qui donne une belle couleur bleue, est produit à grande échelle. Cette teinture est obtenue à partir des feuilles d'un arbrisseau qui fournissent, après un traitement assez long et compliqué, une poudre colorante. Elle est encore utilisée par exemple pour teindre les gandouras des Touaregs, appelés aussi les « hommes bleus du Sahara ».

On peut suivre sur cette gravure le processus de fabrication de l'indigo :

1 Réservoir d'eau.

2 Bassin appelé trempoire où les esclaves apportent les branches d'indigotier.

3 Bassin appelé batterie où les paquets d'indigotier sont battus à l'aide d'un moulin à palettes.

4 Bassin appelé diablotin servant de déversoir.

5 La chaussoire où dégoutte l'indigo qui est recueilli dans des sacs de toile.

6 L'indigotier.

7 Esclaves apportant les sacs d'indigo aux caissons de bois disposés sous un hangar.

8 Esclaves coupant et transportant les branches d'indigotier qui sont disposées dans la trempoire.

Latanier épineux

Mangle chandelle

Manguier ou mango

Papayer commun

Papaye

Roucouïer

Une richesse bâtie sur l'esclavage

En 1697, au traité de Ryswick qui marque la fin de la guerre entre Louis XIV et les pays de la ligue d'Augsburg, la France obtient de l'Espagne la possession officielle de la partie de Saint-Domingue occupée par les boucaniers.

En à peine un siècle, on voit alors se développer la plus riche colonie du monde de l'époque. Le nombre de colons français passe de quelques centaines à plus de 25 000 en 1789, tandis que celui des esclaves, qui était de quelques milliers au départ, atteint 450 000.

L'activité économique de Saint-Domingue fait alors vivre un Français sur huit, et son commerce représente le tiers de tout le commerce extérieur français. La colonie fournit les trois quarts de la production mondiale de sucre et exporte en grande quantité du café, du coton et de l'indigo.

Toute cette richesse, à l'origine de bien des fortunes familiales dans les grands ports français de l'Atlantique, repose sur l'esclavage. À la fin du XVIIIe siècle, ce sont

Le tabac est exploité depuis le temps des boucaniers et des flibustiers. Il fait partie des principales exportations de la colonie à la fin du XVIIIe siècle.

1 Esclave étirant le tabac.

2 Esclave qui tord le tabac.

3 Esclave qui enroule le tabac.

4 Feuilles de tabac mises à sécher.

1 Esclave qui dévide un rouet chargé de tabac en boudin.

2 Le « rolleur » fait les rouleaux de tabac.

3 Table de travail des « rolleurs ».

4 Presse pour comprimer et égaliser les rouleaux de tabac.

5 Tonneau rempli de pièces accessoires.

40 000 esclaves capturés en Afrique par an que les bateaux négriers « déversent » à Saint-Domingue.

Pour assurer le « bon fonctionnement » d'un système aussi inhumain, Colbert a fait élaborer et a imposé en 1685 une réglementation de l'esclavage, le Code noir : l'esclave n'est pas considéré comme une personne, mais comme une marchandise dont on peut disposer, comme un animal ou un meuble.

En s'appuyant sur cette main-d'œuvre, les colons vont ainsi exploiter intensivement le sol des plaines de Saint-Domingue, à une époque où les engrais n'existent pas. C'est grâce à cette exploitation abusive de la terre et des hommes que Saint-Domingue devient la « perle des Antilles ».

Cultures vivrières : cultures qui fournissent des produits alimentaires à la population locale.

Nègre marron (ou Marron) : le nom de l'esclave fugitif vient du mot espagnol « cimarrón » qui désigne un animal qui s'est échappé. Certains marrons étaient rattrapés par des milices spéciales de chasseurs d'esclaves et ensuite cruellement punis. Ceux qui parvenaient à se réfugier dans les montagnes survivaient dans de véritables refuges secrets et inexpugnables.

Mornes : nom donné aux très nombreuses collines caractéristiques du paysage à Haïti.

Indemnité payée aux Français : Charles X, le 17 avril 1825, reconnaît l'indépendance d'Haïti, mais comme celle-ci a été arrachée à l'ancienne puissance coloniale à la suite des luttes des esclaves, l'ancienne colonie doit payer 150 millions de francs-or, destinés à compenser les pertes subies par les colons. Cette indemnité sera ramenée à 90 millions par la suite et intégralement payée par Haïti.

Pour les colons français, comme pour les Espagnols avant eux, la culture de la canne est la priorité (même si la culture du coton, de l'indigo et celle du café reprennent aussi sur l'île), et les plaines sont entièrement consacrées à son exploitation. La véritable « usine à sucre » qu'est devenue l'île voit disparaître les **cultures vivrières** peu de temps après le départ des boucaniers.

Sur les plantations, le nombre d'esclaves augmente constamment. Soumis à un traitement impitoyable de la part des propriétaires blancs, ils travaillent jusqu'à l'épuisement sur les grandes exploitations. Les premiers soulèvements sont apparus dès 1522, et les esclaves revendiquent peu à peu quelques droits, entre autres celui de cultiver pour eux un lopin de terre. Certains prennent la fuite, on les appelle les **Nègres marrons**. En 1791, l'insurrection des esclaves du Nord, avec à leur tête le nègre marron Boukman, est le premier pas vers l'indépendance. Pendant plus de dix ans, sous le commandement de Toussaint-Louverture puis de Dessalines, les esclaves luttent pour leur liberté jusqu'à ce que, le 1er janvier 1804, ce dernier proclame Haïti la « première République noire du monde » !

Haïti : un pays indépendant

À la suite de la victoire de 1804, les Blancs qui dirigeaient les plantations partent. Dans le pays, beaucoup de sols cultivés sont épuisés. La culture du café a exigé la coupe de nombreux arbres dans les « **mornes** » et le pays compte peu de villes car il n'a été organisé qu'autour des exploitations sucrières.

Le nouvel État haïtien souhaite que l'activité des plantations reprenne. Ses caisses sont vides et il faut acheter des armes pour défendre la toute jeune République. Il faut équiper le pays et aussi payer l'**indemnité** réclamée

Les cassaves sont des galettes composées de farine de manioc. Elles constituent la base de l'alimentation pour la population de la colonie. Les techniques de fabrication de la cassave sont très vraisemblablement héritées des Indiens arawaks.

1 Esclave ratissant le manioc. **2** Moulin à gréger (râper) le manioc. **3** Ancienne manière de gréger le manioc. **4** La presse. **5** Esclave passant la farine. **6** Cuisson de la cassave. **7** La cuisine. **8** Séchage des cassaves.

par les Français. Mais comment faire ? Comment faire travailler la population sans qu'elle ait l'impression de retomber en esclavage ? Faut-il la soumettre à de nouveaux directeurs de plantations, eux-mêmes anciens esclaves ? Faut-il que l'État s'en occupe ? Les gouvernements qui se sont succédé jusqu'à nos jours ont essayé d'apporter des réponses différentes à ces questions sans trouver de solution. La population, elle, a fait son choix : elle ne veut plus de ces grandes plantations qui lui rappellent trop le temps de l'esclavage. Les grandes exploitations disparaissent et l'État cède progressivement à la population la plus grande partie de la surface du territoire sous forme de petits lopins.

Les familles vivent sur de petites exploitations qui leur appartiennent en propre. Lorsque les habitants étaient peu nombreux, une petite propriété avait une surface en moyenne de 5 hectares. Aujourd'hui, elle recouvre moins d'un hectare et ne suffit plus à nourrir une famille.

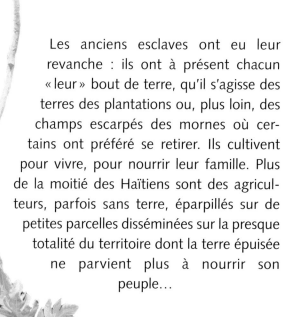

Les anciens esclaves ont eu leur revanche : ils ont à présent chacun « leur » bout de terre, qu'il s'agisse des terres des plantations ou, plus loin, des champs escarpés des mornes où certains ont préféré se retirer. Ils cultivent pour vivre, pour nourrir leur famille. Plus de la moitié des Haïtiens sont des agriculteurs, parfois sans terre, éparpillés sur de petites parcelles disséminées sur la presque totalité du territoire dont la terre épuisée ne parvient plus à nourrir son peuple…

L'arbre à pain d'Haïti est appelé « arbre véritable » pour le distinguer du faux arbre à pain, qui ne fournit que des sortes de « châtaignes ». Le fruit du véritable arbre à pain cuit sous la cendre a une chair douce et savoureuse.

Dife Flanbo et Loraj Kale

Jadis, dans une île de la Caraïbe, un taureau régnait en maître absolu. Dans un galop infernal, il parcourait de long en large cette île qui n'était que savanes et plaines boisées. Il avait des proportions si considérables que, la nuit, sa croupe accidentée se confondait avec les montagnes des îles environnantes et, le jour, la masse gigantesque de son corps cachait le soleil, obscurcissait la terre. Ses cornes trouaient l'azur. Ses nasaux et ses yeux crachaient des flammes. Dife Flanbo, c'était son nom.

Au cours de combats sanglants, Dife Flanbo avait exterminé tous les mâles taureaux de sa terre puis s'était emparé des génisses dont il abusait. Quand elles mettaient bas, il égorgeait les petits veaux, se réservant les jeunes femelles pour son cheptel.

Sa dernière victime, le taureau Lanbi, avait rendu le souffle après l'avoir vaillamment combattu. Sa compagne, qui était pleine à l'époque, devait rejoindre le troupeau de maître Dife Flanbo. Une esclave de plus. Mais elle se rebelle, prend le nom de Lanbi comme son défunt mari, marronne avec son chien et se réfugie dans une grotte où elle donne le jour à un petit veau.

Le petit veau grandit en entendant, au loin, la clameur d'une voix toute semblable à celle du tonnerre, une voix qu'il croyait être la voix de son père. Un jour, il demande à sa mère s'il en est bien ainsi.

— Non, mon fils, lui répond Lanbi, c'est la voix de Dife Flanbo, celui qui a tué ton père.

Lorsque le petit veau jure de venger la mort de son père, Lanbi ne le décourage guère, bien au contraire ! Comme il n'a que trois mois, elle le soumet à une première épreuve pour le préparer à affronter l'invincible taureau. Elle lui désigne un palmier royal qu'elle l'engage à déraciner. Au bout de six mois le jeune taureau, bien exercé, déracine le palmier royal.

Lanbi le soumet alors à une deuxième épreuve. Elle lui demande d'abattre un mur de trois mètres d'épaisseur. Au bout de trois mois, le veau, bien entraîné, abat le mur et piaffe de bonheur. N'était-il pas prêt à affronter maître Dife Flanbo ?

Lanbi, ne le jugeant pas prêt, l'incite à pulvériser un rocher de granit. Au bout de six mois, le jeune taureau bien aguerri remporte la troisième épreuve mais saigne abondamment. Lanbi lui fait absorber de la poussière de granit mêlée au sang et à la sueur ainsi qu'à de l'alcool de manioc. Elle lui fait avaler ce breuvage qui lui est si profitable que le veau grandit sous les yeux de sa mère et devient un taureau qui n'a plus rien à envier à Dife Flanbo.

— Loraj Kale, c'est ainsi que tu te nommes désormais, lui dit Lanbi, tu es prêt à combattre Dife Flanbo. Va ! Nous serons à tes côtés, le chien et moi. Mais ne lance ton cri de guerre qu'après avoir fait trois fois le tour du Bois Sacré.

Loraj Kale suit à la lettre les consignes de sa mère et ce n'est qu'après avoir fait trois fois le tour du Bois Sacré qu'il lance son cri de guerre :

Dife Flanbo men mwen
Se Loraj Kale non mwen
Se jodi m ap tann ou
Pou m pete zizye ou
(Dife Flanbo me voici, je suis Loraj Kale
Celui qui depuis longtemps t'attend pour te tuer.)

Lanbi et le chien, le talonnant de près, exhortent la terre entière de faire place au taureau Loraj Kale :

Pa kore toro saa
Towo sila, hon, se Loraj Kale
(Ne vous mettez pas en travers de sa route,
Le taureau que voilà c'est Laroj Kale.)

Dife Flanbo dresse les pavillons géants de ses oreilles. Qui ose ainsi le narguer ? N'a-t-il pas éliminé tous les mâles taureaux de sa terre ? Ses yeux flamboyants interrogent ses innombrables femelles qui restent sans voix. Il s'élance dans un tourbillon de poussière et de feu, en vociférant :

Loraj Kale men mwen
Se Dife Flanbo non mwen
Se jodi m ap tann ou
Pou m pete zizye ou
(Loraj Kale, me voici, je suis Dife Flanbo
Celui qui depuis longtemps t'attends pour te tuer.)

Il pousse Loraj Kale jusqu'au cœur du Bois Sacré. Mais Lanbi, son chien et les génisses qui s'étaient ralliées à eux, exhortent la terre entière de faire place à Loraj Kale :

Pa kore towo sa
Towo sila, hon, se Loraj Kale

Ragaillardi Loraj Kale lance alors son deuxième cri de guerre :

Dife Flanbo men mwen
Se Loraj Kale non mwen

Se jodi m ap tann ou
Pou m pete zizye ou

Il plante ses cornes contre celles de Dife Flanbo dans un bras de fer dont il semble vainqueur. Mais le vieux taureau se ressaisit et riposte en chantant :

Loraj Kale men mwen
Se Dife Flanbo non mwen
Se jodi m ap tann ou
Pou m pete zizye ou

Il envoie valser Loraj Kale dans les airs. Loraj Kale s'écrase sur le sol et perd une corne. Son chien la lui rattrape au vol et la lui recolle avec sa salive puis il rejoint Lanbi et les femelles rebelles pour exhorter la terre entière de faire place à Loraj Kale.

Pa kore towo sa
Towo sila, hon, se Loraj Kale

Ragaillardi Loraj Kale lance son troisième cri de guerre :

Dife Flanbo men mwen
Se loraj kale non mwen
Se jodi m ap tann ou
Pou m pete zizye ou

Il frappe son ennemi à mort. Dife Flanbo éventré, vacille, s'écroule et s'engouffre dans la mer à grand fracas. Ses entrailles vomissent des trombes d'eau bouillante. La température de la mer s'élève aussitôt. C'est depuis ce temps-là que l'eau de la mer de la Caraïbe est si chaude.

Dife Flanbo, gigantesque gisant, devient avec le temps une terre montagneuse, sœur à jamais siamoise de la savane boisée. C'est depuis ce temps-là qu'Haïti et La Dominicanie ont les proportions et la configuration qu'elles ont encore aujourd'hui.

Le bois
et l'arbre

- La fin des forêts
- Les conséquences de la déforestation
- Comment préserver l'arbre ?
- Une nouvelle entraide : bois et cultures

L'oranger magique (page 36)

Parler des arbres en Haïti, comme ailleurs sous les tropiques, c'est évoquer un univers quelque peu magique. Cette zone tropicale est parsemée d'espèces aux noms exotiques : palmiste, cocotier, caïmitier, arbre à pain, manguier, papayer, acajou, sablier, flamboyant, pomme-cajou, corossolier, tamarinier…

La fin des forêts

Défrichage :
élimination de la végétation spontanée pour rendre une terre propre à la culture.

Couvert végétal :
végétation qui recouvre et protège le sol.

Les fruits du caféier sont récoltés, séchés et dépulpés. On ne garde que la graine, qui sera ensuite torréfiée et moulue.

Quand Christophe Colomb « découvre » Hispaniola, l'île est en grande partie couverte de forêts (à 80 %). Par la suite, les colons procèdent à un **défrichage** important pour pouvoir planter et exploiter la canne à sucre. Cependant, le **couvert végétal** représente encore plus de la moitié de la superficie totale de cette partie de l'île au début du XXe siècle. La raison en est très simple : le caféier, dont la culture est restée importante tout au long de la colonisation, a besoin de beaucoup d'ombre pour pousser. Depuis, le déboisement s'accélère : les compagnies américaines défrichent systématiquement pendant la Seconde

Guerre mondiale pour planter du **sisal** et de l'**hévéa**, afin d'obtenir des matériaux nécessaires à l'économie de guerre.

Haïti, jusqu'en 1950, exporte encore du bois à une échelle industrielle, sans contrôle. Cette exploitation des forêts marque le début de leur dévastation définitive.

Ce n'est qu'ensuite que les paysans commencent à couper de plus en plus d'arbres sur leurs parcelles afin de dégager de la place pour leurs propres cultures et pour faire du charbon de bois, destiné à la cuisson des aliments et à être vendu en ville.

Aujourd'hui, la couverture forestière ne représente plus que 2 % de la surface du pays. En cinquante ans à peine, le paysage a radicalement changé. Il n'est plus qu'une succession d'îlots de verdure clairsemés alternant avec des zones totalement dénudées.

Sisal : agave aux grandes feuilles pointues dont les fibres permettent de faire la ficelle blanche, dite « ficelle à lieuse ».

Hévéa : grand arbre dont la sève, le latex, sert à la fabrication du caoutchouc.

Pour comprendre ce phénomène, il faut imaginer les conséquences de la coupe des arbres.

Les conséquences de la déforestation

Arable : terre qui peut être labourée et sur laquelle peut pousser la végétation.

Sarcler : arracher les mauvaises herbes et les racines avec un outil.

Meuble : pour que la graine puisse se développer dans le sol, il faut que celui-ci soit travaillé et fragmenté grâce au sarclage et au labourage.

Tout d'abord, la coupe des arbres accélère le ruissellement de la pluie sur le sol; l'eau ne pénétrant plus dans la terre, les sources perdent de leur débit et tarissent.

Ensuite, n'étant plus retenue par les racines des arbres sur les pentes fortes, la terre **arable** est lessivée à chaque pluie, surtout lorsqu'elle vient d'être **sarclée** et qu'elle est **meuble**, comme c'est le cas au moment des semailles.

On dit qu'il faut à la nature un siècle pour produire un centimètre d'épaisseur de terre arable; il suffit parfois de quelques heures pour la perdre et la voir partir dans les torrents, vers la mer.

Comment préserver l'arbre ?

Pour aider à reconstituer le sol, et pour préserver ce qu'il en reste, il faut que le paysan voie dans l'arbre non plus un adversaire qui lui prend l'espace dont il a besoin pour cultiver mais un allié. En effet, l'arbre peut lui être utile en fournissant :

– l'ombre qui recouvre la maison et qui protège le caféier et le cacaoyer des rayons de soleil trop vifs;

– les fruits dont on nourrit le bétail et qui peuvent être vendus au marché : l'avocat, la noix de coco, le pamplemousse, l'orange amère ou l'inimitable mangue haïtienne « madame

Francisque », qui trouve de nombreux amateurs sur les marchés américains ;

– la teinture (par exemple le campêche, qui en décoction donne une belle teinture violette très prisée jusque dans les années 1950) ;

– le bois d'œuvre, qui permet au menuisier et au charpentier de construire des meubles et des maisons. L'acajou de Saint-Domingue, par exemple, a ainsi été apprécié par les ébénistes créateurs du style Empire, non seulement pour son grain très fin et sa couleur mais aussi pour sa résistance aux insectes et aux intempéries. Les troncs sont aujourd'hui encore débités par des scieurs de long, qui se déplacent dans les mornes avec une grande scie maniée par deux hommes ;

– le bois de feu qui, en général, se vend sous la forme de charbon de bois. On utilise pour le produire les branchages, les buissons et – hélas ! – les troncs, ainsi que les palétuviers des **mangroves** au bord des côtes. À l'heure actuelle, toutes les régions du pays expédient en permanence par bateaux ou par camions entiers des chargements à Port-au-Prince, capitale d'Haïti.

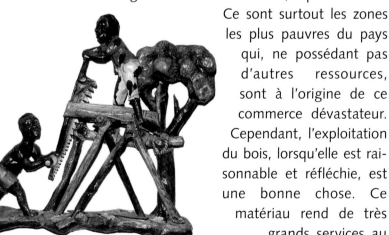

Ce sont surtout les zones les plus pauvres du pays qui, ne possédant pas d'autres ressources, sont à l'origine de ce commerce dévastateur. Cependant, l'exploitation du bois, lorsqu'elle est raisonnable et réfléchie, est une bonne chose. Ce matériau rend de très grands services au

Mangrove : végétation dans la zone littorale, qui se situe entre la mer et la terre, dans les régions chaudes de la planète. Cette zone est essentielle pour la protection des côtes et pour la faune et la flore.

Agro-sylviculture :
mode d'exploitation du
sol qui repose sur la
combinaison sur une
même terre des rôles
des arbres et des
cultures où chacun
permet d'améliorer
les performances de
l'autre.

paysan, à condition de le valoriser, de l'économiser et de favoriser son renouvellement. Son exploitation, associée à l'agriculture comme un complément indispensable au sein d'une pratique, est appelée l'« **agro-sylviculture** ».

Une nouvelle entraide : bois et cultures

Dans ce nouvel équilibre, l'arbre, mais aussi l'arbuste et le buisson se « marient » avec l'agriculture. Par exemple, les

haies sur les bordures des champs protègent la terre du soleil et du vent. Les arbres serrés autour de la maison offrent une protection contre les cyclones et leur ombre apporte de la fraîcheur. Ils renforcent aussi les bords des terrasses tout au long des courbes de niveau, ce qui permet de diminuer le ruissellement des eaux de pluie et le lessivage des sols. Dans le fond des ravines, là où l'eau coule

Dans un pays où peu d'électricité est produite, où il n'y a pas de gaz et où le fioul importé est cher, il ne reste malheureusement que le bois pour faire la cuisine, chauffer l'eau ou cuire le pain.

Le charbon de bois est souvent la seule source de revenu des paysans. Pour mettre fin à ce commerce, il faudrait que les habitants des villes disposent d'autres combustibles (le gaz en bouteille par exemple) et surtout aider les paysans les plus pauvres à améliorer leur revenu par d'autres moyens.

Le charbon de bois est mis dans des grands sacs fermés par un bouchon de verdure.

Des palétuviers qui poussent en bord de mer sur des sols imprégnés de sel marin.

Affiche politique de 1986 sur laquelle le dictateur Jean-Claude Duvalier et la dictature sont comparés à un arbre qu'il faut abattre, mais dont il faut également supprimer la souche pour qu'il ne repousse jamais.

En créole, le terme *déchoukaj* signifie l'action de déraciner.

avec le plus de force, on plante aussi des barrières végétales souples qui freinent la rapidité du courant. Sur les bords des ravines, les racines des arbres solidifient les parois des rives ; ainsi l'eau contourne les obstacles mais ne les emporte plus. En effet, pendant les orages, sa force est telle qu'un véritable torrent d'eau et de boue mêlées à la végétation dévale alors les pentes. Son nom est redoutable : lavalas. La même technique de protection végétale vaut aussi pour les talus des routes et pour les clôtures avec lesquelles le paysan cherche à protéger son champ.

Il est donc tout à fait possible de disposer d'arbres, et même de beaucoup d'arbres, sans qu'il soit nécessaire de reconstituer des forêts entières. Cependant, en altitude ou sur les pentes les plus fortes, il faut décourager toutes les formes de cultures sarclées demandant un travail régulier de la terre, et privilégier les pâturages et les cultures permanentes.

En protégeant ainsi depuis le haut le bassin versant, cette cuvette naturelle où se déverse l'eau qui alimente un ruisseau ou une rivière, on peut stopper la dégradation du sol. Mais le temps presse, car il existe un stade de dévastation où la fertilité du sol n'est plus suffisante pour alimenter une végétation, quelle qu'elle soit. Il ne reste plus alors que des plantes permanentes, des épineux qui dans les climats secs précèdent le désert. On les voit, peu à peu, envahir la campagne haïtienne. Actuellement, ils sont déjà tellement nombreux que l'on parle de l'« ère des bayahondes », du nom de ces sortes d'acacias devenus symboles de la pauvreté de la couverture végétale…

L'oranger magique

l était une fois, pas deux ni trois mais une seule et unique fois, deux sœurs orphelines. Leur père leur avait donné une belle-mère, en cadeau.

Un jour, pas deux ni trois, mais un jour de marché, Blemè descend à la ville. Elle confie à chaque petite du coton fraîchement cueilli, entassé dans un grand et un petit paniers. Qu'il soit bien propre à son retour !

Les fillettes se mettent à la tâche, elles trient, jettent les graines, les cailloux et les pailles qui encombrent les fibres du coton, aèrent les duvets, travaillent dur.

Au fond du plus grand des paniers se cache, à leur grande surprise, une vieille orange aussi fripée que les fesses ridées d'une centenaire.

« *Grangou pi fò pase wont* », comme dit bien le proverbe, « la faim est plus forte que la honte ». C'est pourquoi les petites filles affamées mangent la vieille orange aussi fripée que les fesses ridées d'une centenaire en poussant des petits cris de joie :

– Oo oh, zoranj sa a tankou siwo sik!

Autrement dit, cette orange-là est tout bonnement du sirop de sucre-qualité-supérieure-yaille!

Mais une autre surprise les attend. L'orange a un unique pépin qu'elles se dépêchent de cacher-serrer au fond de la poche de la robe de la sœur aînée.

Belmè, à peine rentrée, met son gros nez dans les paniers, dans le petit puis dans le grand. Vous devinez la suite. Elle crie :

– Les filles, rangez vos petites affaires, rassemblez vos haillons, préparez-vous à mourir. Mon orange a disparu. Je vais devoir vous tuer.

Les deux sœurs n'ont pas envie de trépasser ni de passer. Elles fouillent à toute vitesse dans leurs têtes et trouvent le pépin caché-serré au fond de la poche de l'aînée. Toutes tremblantes, elles le prennent, le plantent et chantent pour que le pépin se plaise en terre :

Zoranj mwen m ap plante w,
m ap plante w, wi zoranj mwen.
Jis papa mwen vini, zoranj mwen,
sa m a di bèlmè, zoranj mwen?

Elles chantent pour que le pépin germe :

Zoranj mwen leve non,
leve non, wi zoranj mwen.

Elles chantent pour que la petite tige grandisse plus haut que leur case :

Zoranj mwen, grandi non,
grandi non, wi zoranj mwen.

L'oranger pousse plus haut que la case, tout nu, sans une feuille, sans une branche. Qu'il branchisse, qu'il boutonne et qu'il fleurisse, chantent-elles en inventant des mots :

Zoranj mwen, branche non,
branche non, wi zoranj mwen,
Zoranj mwen boutonnen,
boutonnen, wi zoranj mwen.
Zoranj mwen, met flè non,
mete flè, wi zoranj mwen.

Des fleurs immaculées et parfumées jaillissent des boutons, de petites boules vertes se nichent entre les pétales blancs des fleurs. L'oranger frémit, s'agite, met tout son cœur pour faire grossir et mûrir ses oranges, comme le petit «chanter» des fillettes le lui demande :

Zoranj mwen gwosi non,
gwosi non, wi zoranj mwen.
Zoranj mwen, miri jòn,
miri jòn, wi zoranj mwen.

Ce n'est pas mentir que de dire que l'oranger devient un soleil de midi tant il est couvert d'oranges mûres. Les fillettes se dépêchent de remplir un panier d'oranges ensoleillées qu'elles portent à Belmè.

Ce ne sont ni un ni deux cris que pousse Belmè, c'est une pile de cris :

— *Ala dous li dous, ololoy!* se yon ti boul sik ki anndan bouch mwen wi, montre m pye zoranj nan, pou m pran zoranj yo, pou m sere zoranj yo, pou m manje yotout! Où avez-vous trouvé ces oranges, petites?

Les petites lui indiquent l'oranger du doigt. Belmè grimpe dans l'arbre et cueille et mange et cueille et mange et mange et mange et mange des oranges. Les petites posent leur joue contre le tronc de l'oranger et lui chuchotent que Belmè a promis de les tuer.

Perchée sur l'oranger, Belmè s'en donne à ventre que veux-tu. Veux-tu des oranges, mon ventre ? Eh bien, en voilà, mange !

Elle en cueille, elle en mange. Elle en mange, elle en cueille. Les fillettes, elles, ont une idée qui leur vient en tête. Lorsque Belmè, la panse gonflée, tentera de descendre de son perchoir, elles imploreront l'arbre de pousser haut, très haut dans le ciel :

Zoranj mwen, monte non,
monte non, wi zoranj mwen.

L'oranger les écoute chanter et grandit, grandit comme un immeuble de trente étages. Il pousse si haut qu'il craque, *ka la ta kaw !* et se fracasse sur le sol, avec Belmè agrippée à ses branches.

Si je vous disais qu'aussitôt l'oranger comme la belle-mère se sont enflammés et qu'ils sont devenus braises puis charbon de bois, vous ne me croiriez pas. Et cependant ce n'est que la vérité vraie.

Même qu'un chasseur, qui passait par là, a rassemblé, entre trois roches, ce charbon de bois d'oranger magique et de belle-mère calcinée. Il y a mis une étincelle et a cuit son manger. Les gens du pays se sont précipités et comme lui ont posé leur marmite et ont cuit leur manger.

Lorsque le charbon d'oranger magique et de belle-mère calcinée s'est épuisé, les gens de ce pays ont coupé les orangers, les citronniers, les chadéquiers, les caïmitiers, les corossoliers, puis les acajous pour cuire leur manger. Certains ont eu l'idée de les brûler dans des fours en terre pour en faire du charbon de bois. D'autre ont parcouru le pays pour vendre ce charbon. Une malédiction! Certainement celle que la belle-mère, en tombant, avait jetée sur toute la région.

Sans arbres, ce bout de terre du bout du monde s'est retrouvé mutilé comme une princesse aux mains coupées. Il lui fallait de nouvelles mains d'argent. C'est grâce aux orphelines qu'il les a trouvées. Voilà comment cela est arrivé.

Nos orphelines avaient caché-serré, chacune dans sa poche, une orange magique, qui s'était fripée, avec le temps, comme les fesses ridées d'une centenaire. Elles plantèrent chacune l'unique pépin de leur orange fripée, et leur terre du bout du monde s'est repeuplée d'orangers. Elles se marièrent avec de beaux gars-agros-accros à la plantation d'orangers. Ils furent heureux et eurent beaucoup d'enfants à qui elles chantèrent, dès le berceau, le chant de l'oranger magique.

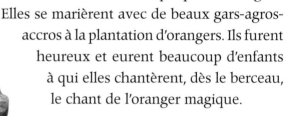

Zoranj mwen, m plante w non,
m plante w non, wi zoranj mwen.
Zoranj mwen, leve non,
leve non, wi zoranj mwen.
Zoranj mwen, grandi non,
grandi non, wi zoranj mwen.
Zoranj mwen, boutonnen,
boutonnen, wi zoranj mwen.
Zoranj mwen, met flè non,
mete flè, wi zoranj mwen.
Zoranj mwen, miri jòn,
miri jòn, wi zoranj mwen.
Jis papa m vini, zoranj mwen,
sa ma di bèlmè, zoranj mwen ?

Voici, voilà.

L'eau douce
et l'eau salée

- Trop d'eau ou pas assez ?
- L'eau douce est indispensable à la vie
- La mer, ressource naturelle

L'île de la Gonâve (page 52)

Trop d'eau ou pas assez ?

Il pleut beaucoup en Haïti : le **pluviomètre** indique 140 centimètres (1,40 mètres) par an. Mais il s'agit d'une moyenne… Les mornes, qui coupent la route des **alizés**, empêchent cette pluie de couvrir toute la surface du pays. Dans certains endroits, comme au nord-ouest, les sécheresses sont longues et la pluviosité inférieure à 50 cm.

Sur 100 litres d'eau tombés autour d'une maison, 30 litres seulement resteront utilisables : le reste va s'évaporer. Dans ce pays tropical, la chaleur est forte et la végétation qui retient l'eau devient rare.

Il faut ainsi tenir compte de la façon dont l'eau tombe et de son impact sur l'érosion. Quand les pluies sont

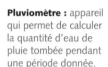

Pluviomètre : appareil qui permet de calculer la quantité d'eau de pluie tombée pendant une période donnée.

Alizés : vents réguliers qui soufflent toute l'année de l'est vers l'ouest dans toute la zone qui s'étend entre les deux tropiques.

violentes et de courte durée, leurs eaux inondent le sol sans s'y infiltrer. Des villes entières sont alors dévastées, des maisons détruites, des cultures arrachées… Trop peu retenue par la végétation et entraînée sur les pentes d'un relief montagneux, l'eau glisse sur le sol, les sources se tarissent peu à peu et les réservoirs sont rares.

L'eau douce est indispensable à la vie

On ne peut pas vivre sans eau. Elle est nécessaire pour boire, pour faire boire les animaux, pour cuire les aliments, pour laver et se laver, pour arroser, pour irriguer pendant la saison sèche.

On estime que l'homme a besoin de 30 litres d'eau par jour pour l'ensemble de ses besoins. Près de la moitié des habitants n'ont pas accès à l'eau potable. La consommation d'eau de mauvaise qualité peut entraîner la mort. Les diarrhées, dues à l'eau polluée, sont, avec le paludisme, la première cause de mortalité des enfants.

La quête de l'eau est un véritable problème ! En cas de manque d'eau de pluie, il faut parfois se lever à quatre

Comme il n'y a pas assez d'eau sur les plateaux, les femmes descendent régulièrement à la rivière, dans la vallée, pour faire la lessive de la semaine et pour se laver.

heures du matin et parcourir des kilomètres pour aller en chercher dans la vallée. Car, au cœur des plateaux, il n'y a pas de sources. Lorsque le calcaire des plateaux rencontre l'argile, il arrête l'eau et la conduit jusqu'au pied de la montagne, où elle surgit sous forme de sources. Mais même là, l'eau n'est pas toujours propre, car elle est souillée par les déjections animales et humaines que le ruissellement entraîne peu à peu jusqu'à la source ou la rivière. D'où la nécessité d'installer partout des latrines bien protégées.

En plaine, l'eau se trouve rassemblée dans une nappe souterraine, qui, souvent trop sollicitée par les hommes, voit son niveau baisser peu à peu. Or, l'eau de pluie n'arrive plus à alimenter suffisamment ces nappes puisqu'elle ne pénètre pas assez dans le sol. Pendant encore combien de temps les sources fourniront-elles de l'eau aux habitants des villages, en quantité et en qualité suffisantes ?

Rares sont les maisons qui disposent de l'eau courante, même en ville, et la corvée d'eau fait partie des tâches réservées prioritairement aux enfants. On croise partout fillettes et garçons portant sur leur tête des seaux de 15 à 20 litres.

Dans les zones proches de la mer, l'eau devient de plus en plus salée car, peu à peu, l'eau de mer s'infiltre dans les nappes souterraines, où l'eau douce ne se renouvelle pas

assez rapidement. Cette eau, dite « saumâtre », est impropre à la consommation humaine, et le savon de la lessive ne peut pas y mousser.

La mer, ressource naturelle

Au large du petit port de Roche-à-Bateau, bravant la fragilité de leurs embarcations, les pêcheurs jettent ou remontent leurs nasses aux cadres de bambou et de roseau, espérant retenir dans leurs filets suffisamment de poissons pour faire vivre leur famille.

La pêche est une activité très répandue le long des côtes (plus de 1 500 kilomètres en Haïti), même si elle reste pratiquée d'une manière artisanale. Les bateaux, de 4 à 5 mètres de longueur, sans moteur, ne s'aventurent pas au-delà du **plateau**

La pêche à la senne, très courante, nécessite une équipe nombreuse. Le filet fait une immense boucle dont les extrémités sont peu à peu tirées vers le rivage par tous les pêcheurs, dans l'eau jusqu'à la taille. L'inconvénient de ce mode de pêche est la capture de toute la faune marine, petits et gros poissons, comestibles ou non. Cette pêche appauvrit ainsi peu à peu les zones proches du rivage, tandis que les pêcheurs ne sont pas équipés pour aller pêcher en haute mer.

Plateau continental : c'est la prolongation du rivage sous la mer, jusqu'à une profondeur de 200 mètres, là où on trouve le plus de poissons sédentaires.

continental, où la profondeur de l'eau est inférieure à 200 mètres. Mais le plateau est étroit : sa largeur est de 200 mètres à 2 kilomètres maximum. Dans cette zone de pêche assez réduite, le poisson est rare, et la pollution provoquée par les navires qui rejettent en haute mer déchets et résidus pétroliers aggrave la situation.

Des centres de conservation du poisson par le froid, par le salage ou le séchage pourraient être répartis à travers le pays et une collecte de la pêche organisée. Malheureusement, aucune structure de ce type n'existe, et près de la moitié de la pêche est perdue, les poissons pourrissant avant de pouvoir être consommés.

Certaines espèces, tels les lambis, les langoustes, les tortues et les coraux, commencent à disparaître. Pour protéger la faune marine, il faut lutter contre la pollution.

Les femmes attendent sur le rivage le retour des pêcheurs dans leur pirogue taillée dans un tronc d'arbre.

Près de sa petite maison au bord de l'eau, le pêcheur a mis à sécher les prises de la journée. Elles ne se conservent que trois à quatre jours.

Les pêcheurs au retour de la pêche réparent les mailles déchirées du filet. C'est un travail de patience qu'il faut faire après chaque sortie en mer.

Mais il faut aussi et surtout réglementer la pêche de certaines espèces de poissons pendant leur période de reproduction.

Si l'homme continue à se nourrir de la mer sans la respecter, il devra bientôt apprendre à se nourrir sans elle…

En juillet 1985, le commandant Cousteau a dirigé une campagne d'évaluation et de recherches le long des côtes d'Haïti avec son bateau *La Calypso.* Il a ainsi constaté que les eaux côtières sont relativement pauvres et qu'il vaudrait mieux pêcher en haute mer (le thon et la sardine, par exemple). Mais personne ne peut acquérir bateau et équipement pour ce genre de pêche. Cousteau a aussi recommandé l'aquaculture, l'élevage de poissons dans certains sites fermés le long des côtes. Dans son film, *Water of Sorrow (L'eau du chagrin),* il pousse un cri d'alarme sur la façon dont Haïti utilise ses ressources maritimes.

L'île de la Gonâve

Tout le monde sait, en Haïti, que l'île de la Gonâve est au début des temps une baleine qui séjourne très longtemps dans nos eaux.

Baleine pénètre un bon matin dans la gueule ouverte du golfe creusé dans le flanc marin d'Haïti. Elle porte sur son dos une divinité qui s'est endormie pendant la traversée. C'est pour la réveiller que Baleine met timidement le nez hors de l'eau puis, une fois acclimatée, elle saute, elle bondit et chante. Elle lie amitié avec les animaux marins de ce bassin lointain, lamantins, requins, dauphins, thazars, poissons volants, dorades, lambis, pour ne citer que ses premiers amis. Avec les lamantins, elle s'essaie la voix dans un duo de chant de sirène puis elle traverse la baie pour narguer, de loin, les caïmans quand les dauphins se lassent de jouer avec elle. En vérité, elle fait tout cela pour réveiller la divine passagère qui dort doucement sur son dos.

Baleine s'aventure alors vers les côtes pour demander de l'aide aux iguanes, aux flamants roses, aux caïmans, aux agoutis, aux colibris, aux nez-long, aux quatre-yeux, aux tichitkatje. Si elle a grand plaisir à les connaître, elle ne réveille pas pour autant sa passagère qui dort sur son dos, à poings fermés, les bras croisés sur le cœur.

En vrai, la déesse n'a qu'un poing fermé. On raconte que, dans ce poing fermé, elle tient caché un message que lui a confié un dieu d'Afrique pour les gens d'Haïti.

Baleine lui servant de monture a quitté l'Afrique et, après un long périple réalisé grâce à l'aide bénéfique du dieu de la mer, Baleine arrive à bon port. Les habitants marins et terrestres qui l'accueillent s'accordent tous pour la nommer la Gonâve. La Gonâve, la baleine vit pendant de si nombreuses années dans ce golfe que celui-ci hérite de son nom et devient le golfe de la Gonâve.

Un soir, les alizés soufflent une délicieuse sarabande qui lui tourne tant et si bien la tête que La Gonâve, enivrée de fraîcheur et de vent, glisse dans une douce torpeur et s'endort tout comme sa passagère. Celle-ci, dans sa robe de sirène toute bruissante de coraux et de perles, toute brillante de fleurs de sel, dort profondément et dans son poing sommeille également le message du dieu d'Afrique.

La baleine et sa sirène dorment pendant des années-lumière, balayées par le souffle du vent, brûlées par celui du soleil, mouillées par des ondées fréquentes. Si  apparemment elles semblent insensibles au soleil, au vent et à la pluie, c'est qu'elles sont devenues une île, l'île de la Gonâve, que l'on nomme plutôt l'île de la Femme endormie.

On dit que toutes les deux, Baleine et sa sirène, attendent pour s'éveiller que les gens d'Haïti découvrent, dans le cœur de leur île, leur secret, le message d'amour de leur dieu d'Afrique. Un jour la terre a tremblé et l'île s'est réveillée.

La faune
et la flore

- Un bel exemple de flore tropicale
- Une authentique richesse animale
- Les risques pour les plantes et les animaux

L'oiseau aux ailes bleues (page 64)

Un bel exemple de flore tropicale

Dans son cadre de montagnes, de vallées, de mer et de plaines côtières, ce sont la flore et la faune, c'est-à-dire la végétation et les animaux, qui donnent toute sa couleur et toute sa richesse à ce pays.

Haïti est une île : elle bénéficie d'un isolement relatif qui protège une grande richesse et une grande diversité de plantes et d'animaux. On dénombre plus de 5 000 espèces de plantes, arbres et buissons, dont un tiers est **endémique**.

Par exemple, on compte 600 espèces de fougères et pas moins de 141 variétés d'orchidées dans un seul parc naturel.

Dans la région du morne La Visite, à 2 000 mètres d'altitude, au sud du pays, appelé le « toit d'Haïti », on trouve encore la fameuse fougère géante.

Endémique : cela signifie que ces espèces appartiennent spécifiquement à ce milieu naturel et qu'elles n'ont été ni importées ni transplantées.

Haute de plus de deux mètres, elle ressemble à un arbre et rappelle beaucoup ce que l'on voit en Amazonie.

Bon nombre de plantes sont très utiles. Des centaines d'entre elles fournissent des remèdes utilisés par les paysans et leurs « **docteurs-feuilles** ». Ces remèdes sont souvent très efficaces, ce qui n'est guère surprenant, car plus de la moitié des molécules utilisées en pharmacie sont extraites des plantes dites « médicinales ».

L'utilisation bénéfique de ces plantes a permis à toute la population rurale éloignée des médecins et des hôpitaux de survivre.

Bien d'autres aspects sont liés à cette richesse et à cette diversité. Ainsi, parmi les parfums, peut-on citer l'huile essentielle que l'on extrait des racines du vétiver, une

Docteurs-feuilles :
herboristes, métier pratiquement disparu de nos campagnes. En Haïti, leur savoir, qui n'a aucun rapport avec les grigris ou la magie, repose sur une longue pratique des hommes et des plantes.

Quelques recettes :
Pour guérir une grippe difficile, on mélange une cuillère à soupe de lait de noix de coco avec une cuillère à soupe d'essence de café et un peu de cresson. En cas de broncho-pneumonie, des bains tièdes dans une eau où ont infusé des copeaux d'acajou sont très recommandés. Des rondelles de citron appliquées sur les tempes soulagent la migraine et les maux de tête. Pour soigner une indigestion, il faut boire une infusion préparée avec un bourgeon de feuille d'avocatier.

La noix de coco intervient dans de nombreuses préparations médicinales.

plante qui ressemble à une grosse touffe d'herbes ; elle pousse sur les pentes et aide à retenir la terre et à la fixer. On la retrouve le plus souvent dans les lotions après rasage comme parfum discret.

La déforestation, qui a pour conséquence une érosion accélérée du sol, menace de faire disparaître une grande variété d'espèces végétales ainsi que les animaux de petite ou de grande taille qui en vivent. Dans cet ensemble, désigné par le terme d'« **écosystème** », les interactions sont multiples et complexes. Quand un élément disparaît, toute la chaîne dont il est un maillon est mise en péril. Ainsi, une espèce rare disparaît quand son environnement est détruit ou modifié.

Écosystème :
l'interaction entre le milieu naturel et toutes les espèces vivantes qui le composent.

Une authentique richesse animale

Il existe un grand nombre d'espèces animales vivant dans cet environnement. Elles diffèrent selon les altitudes et les climats plus ou moins chauds et plus ou moins humides. En Haïti, comme c'est le cas pour la flore, c'est la diversité et la particularité de la faune qui frappent le plus.

Parmi les mammifères, on trouve par exemple deux espèces endémiques : un rongeur nocturne, nommé

Le nez-long, qui fait partie des espèces les plus menacées de la planète, est un insectivore nocturne, timide et peureux.

Il vit dans la zone du pic Macaya, véritable château d'eau de tout le Sud d'Haïti, qui, depuis 1970, est sérieusement menacée par la déforestation. Depuis cette époque, les crues de rivières sont devenues de plus en plus fréquentes et de plus en plus fortes, et tout l'environnement de cette zone unique par sa diversité se trouve en danger.

Le zagouti est un rongeur qui vit dans le massif de la Hotte, au sud de Port-au-Prince.

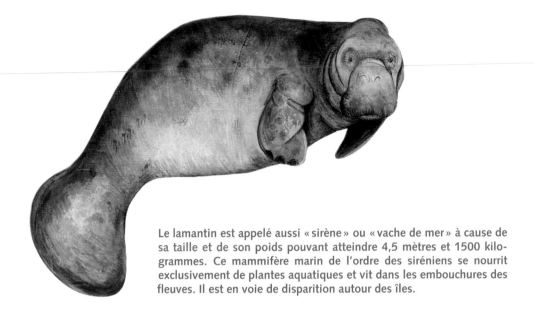

Le lamantin est appelé aussi «sirène» ou «vache de mer» à cause de sa taille et de son poids pouvant atteindre 4,5 mètres et 1500 kilogrammes. Ce mammifère marin de l'ordre des siréniens se nourrit exclusivement de plantes aquatiques et vit dans les embouchures des fleuves. Il est en voie de disparition autour des îles.

zagouti, et un insectivore avec un long museau appelé le nez-long. Ces animaux en voie de disparition sont aussi rares que le panda, qui, lui, est beaucoup plus connu…

Sur le littoral de la mer des Caraïbes, on peut encore parfois apercevoir le lamantin qui vit dans des eaux peu profondes. On trouve aussi en Haïti des reptiles et des amphibiens, dont les boas et d'autres serpents rares. Au sud-est du pays, dans l'Étang saumâtre (ou lac Azuei), vivent des centaines de caïmans, mieux protégés et plus nombreux côté dominicain.

On compte aussi quelque 75 espèces d'oiseaux dont 22 au moins sont résidentes ou endémiques.

On ne rencontre le kat je sid que dans la presqu'île du Sud d'Haïti.

Le tichitkatje est un oiseau très rare. Il vit caché dans les bosquets de feuillus des montagnes d'Haïti. Il est menacé parce qu'il pond ses œufs par terre ou sur les branches au ras du sol.

L'iguane est un reptile herbivore très pacifique malgré son apparence un peu effrayante. Il vit en colonie dans les terres chaudes et arides.

Le tenagra palmiste à couronne grise est ainsi sans doute le seul oiseau tout à fait unique en Haïti. Le pays est aussi en hiver le refuge de centaines d'oiseaux migrateurs, comme le héron, l'ibis, le faucon, les canards… qui passent en Haïti en fuyant les grands froids d'Amérique du Nord. Il faut enfin ajouter à la faune terrestre plus de 300 espèces de poissons du littoral, qui vivent dans les récifs de coraux, les champs d'algues ou les mangroves.

L'occupation progressive des terres par les Arawaks au cours des siècles a déjà fait disparaître de nombreuses espèces. On ne retrouve plus que leurs fossiles, comme le singe d'Hispaniola ou le rat d'épines d'Haïti. Sur les 25 mammifères endémiques que l'on comptait il y a plus de trois cents ans, il ne reste plus que les deux espèces déjà nommées, zagouti et nez-long, réfugiées dans des zones écartées, menacées par la déforestation.

Si le nez-long figure désormais parmi les espèces les plus menacées à travers le monde, on connaît moins le caleçon rouge, cet oiseau dont le ventre s'orne d'une belle parure de plumes rouges.

Dans un pays comme Haïti, qui s'étend sur un petit territoire, on peut être étonné de trouver une faune et une flore d'une telle richesse, ce qui est surtout le cas dans certaines zones difficiles d'accès, protégées jusqu'à présent grâce à leur isolement.

Le caleçon rouge est l'un des plus beaux oiseaux d'Haïti. Il fait partie des espèces les plus menacées de la planète.

Ainsi, l'un des massifs les plus intéressants et les plus riches est celui du pic Macaya, au sud de l'île, qui s'élève de 800 mètres à 1 300 mètres d'altitude. Ce parc naturel de 5 000 hectares, un des sites les plus riches d'Haïti, abrite 500 espèces de plantes, 11 espèces de papillons, 57 de mollusques, 18 d'amphibiens, 14 de reptiles, 65 d'oiseaux, 19 de chauves-souris.

Les risques pour les plantes et les animaux

Malheureusement, les paysans, qui ont de plus en plus besoin de terres pour vivre, défrichent à présent les grands pins du pic Macaya. Le gouvernement ne peut leur proposer d'autres terres et rien n'est fait pour assurer la surveillance du site.

Le même problème se pose dans toutes les régions du pays. Trente-cinq sites naturels sont à protéger. Îles, grottes, sources, étangs, pics… figurent dans la liste des urgences, mais personne ne sait encore comment ce petit pays pauvre et surpeuplé pourra financer la protection de ces richesses naturelles.

Les lois et les règlements ne suffiront pas à eux seuls à préserver les neuf parcs nationaux prévus. La sensibilisation et l'éducation des paysans non plus. Beaucoup de gens sont désormais conscients du phénomène, mais bien peu a été fait au regard de ce qu'il reste à faire. Cela concerne tous ceux qui, de par le monde, pensent que la diversité biologique fait partie du patrimoine de l'humanité et relève donc d'un effort général de solidarité.

Le lambi est un gros coquillage recherché pour sa chair succulente et très nourrissante. Ces coquilles abandonnées témoignent d'une pêche intensive. Pendant combien de temps encore trouvera-t-on le lambi dans la mer d'Haïti ?

L'oiseau aux ailes bleues

I l y avait une fois un roi et une reine qui se désespéraient de n'avoir pas d'enfant. Dans leur grand palais, ils se morfondaient. Qui hériterait de la couronne ? Qui leur succéderait ? Leurs mains ne cherchaient qu'à caresser, leurs cœurs n'aspiraient qu'à aimer. Toute la sainte journée, ils brûlaient des cierges, des bougies et des chandelles en graisse de baleine, toute la sainte journée, ils suppliaient Dieu de leur donner un enfant.

Le roi, parfois en proie au découragement, chuchotait :

– *Kase fèy, kouvri sa !*

La reine le trouvait pessimiste, pas question de cacher ce grand désir sous un monceau de feuilles.

– La patience est le secret de la victoire, lui claironnait-elle devant leurs sujets.

– *Pasyans se genyen* lui martelait-elle dans l'intimité de l'alcôve.

La reine avait raison, car voilà qu'un jour, à un âge fort avancé, elle mit au monde un enfant. Au chevet du nouveau-né, elle plaça des nounous, des doudous, des toutous, des joujoux, des nounours, des roudoudous et une armée d'esclaves.

Lorsque le petit homme grandit, on traça des allées dans les jardins du palais pour qu'il puisse marcher, pour qu'il puisse courir. On planta des fleurs pour qu'il puisse les cueillir, des arbres à papillons pour qu'il puisse chasser les papillons. On découvrit de nouvelles espèces de rosiers sans épines, on extermina les mouches, les moustiques, les tiques. Puis on ceintura le palais de hautes murailles pour que personne ne puisse voir l'enfant, pour que personne ne puisse lui lancer le mauvais œil.

Le jeune prince grandit, tout seul, dans sa cage dorée, entre ses vieux souverains, ses nounous, ses doudous, ses toutous, ses joujoux, ses nounours, ses roudoudous et son armée d'esclaves.

Un jour qu'il errait, comme toujours tout seul, dans ses vastes jardins, il tomba sur une porte ouverte vers l'extérieur. Il la franchit sans hésiter et se mit à courir, à rire, à jouir de sa liberté, à découvrir de nouvelles fragrances, de nouvelles couleurs. Il s'extasiait de la couleur vert d'eau de la rivière dont il pensait remonter le cours, quand il vit sur l'autre rive un petit être cornu pas très recommandable, qui se tordait de rire et criait en le pointant du doigt :

— *Men manje m lan bout dwèt mwen.* Mon repas à portée de main.

Le diable cornu — vous l'avez reconnu — s'apprêtait à sauter sur sa proie pour la dévorer quand un bel oiseau noir aux ailes bleues toutes déployées fondit sur l'enfant et l'emporta dans les airs.

— Donne-le-moi, oiseau, donne-le-moi, je te donnerai en échange un baril rempli de maïs, supplia le diable, déçu.

Ban mwen li zwezo, ban mwen li,
m a ba ou yon barik mayi !

— Sauve-moi, oiseau, sauve-moi, je te donnerai en échange un baril rempli de doublons d'or, murmura alors l'enfant à l'oiseau au regard perçant.

Sove mwen zwezo sove mwen,
m a ba ou yon barik doublon.

Le bel oiseau noir aux ailes bleues déployées disparut alors avec le petit prince.

Au palais, depuis la disparition de son enfant, la reine en était à sa énième crise de nerfs. Le roi avait fait mettre les nounous, les doudous, les toutous, les joujoux, les roudoudous au cachot et tous les esclaves aux fers.

Et l'enfant tant attendu ne revenait pas.

Un jour enfin, on vit au loin un point noir, puis on vit l'oiseau noir s'approcher vers une des terrasses du palais, déployer ses ailes bleues et poser l'enfant tant attendu.

— Que donnerai-je à l'oiseau ? s'écria la reine, pleine de gratitude.

— Je lui ai promis un baril de doublons d'or, répondit l'enfant.

— Qu'on lui donne deux ou trois barils d'or, *ba li de osnon twa barik doublon, ba li tout sa l vle*, insista la reine.

Mais l'oiseau ne voulut ni d'un ni de deux ni même de trois barils d'or. Ce qu'il désirait plus que tout, c'était une petite chambre au palais où il coucherait la nuit après avoir volé le jour. On lui donna une grande chambre avec un grand balcon fleuri.

Le soir même, lorsque l'oiseau rentra au palais, un jeune garde, le prenant, hélas, pour un vautour, un aigle, un malfini, le tua. L'enfant se pencha longuement sur l'oiseau aux yeux désormais clos.

Lorsqu'il se redressa, il libéra les doudous, les nounous, les chiens et les esclaves, il rangea les joujoux, ses nounours et ses roudoudous, il serra très fort ses vieux parents contre son cœur, puis il s'en alla franchir la porte du jardin, en emportant pour tout bagage le message de l'oiseau sur le prix à payer pour garder sa liberté.

Je traînais par-là ce jour-là, j'ai tout vu, tout entendu, peut-être n'aurais-je pas dû, car j'ai reçu un petit coup de pied au derrière qui m'a envoyé valser dans le ciel, et je tombe juste à temps pour vous raconter ce petit conte.

De la campagne à la ville

- De plus en plus d'habitants dans les villes
- L'eau : amie ou ennemie
- La mer polluée
- L'érosion en ville
- Le plus grand pollueur : la pauvreté

Malice et les tambours du roi (page 78)

De plus en plus d'habitants dans les villes

La population de la zone de Port-au-Prince, la capitale d'Haïti, s'accroît actuellement au rythme de 30 000 à 50 000 nouveaux arrivants chaque année : l'équivalent de la population d'une petite ville de France. Celle de Port-au-Prince a plus que décuplé en quarante ans et atteint près de trois millions aujourd'hui. Bien peu de ces habitants y sont nés.

Liline a 12 ans, ses parents, agriculteurs, habitent dans le village de Moron, loin vers l'extrémité sud de l'île. Ils l'ont confiée à sa marraine qui, elle, habite en ville pour qu'elle la loge et la nourrisse, en échange de quoi elle doit travailler douze heures par jour pour s'occuper de la maison. On l'appelle une « retavek » : celle qui habite chez un autre. Souvent, hélas, il s'agit d'une forme déguisée de domesticité.

Lifaite a 22 ans; il a appris un peu la menuiserie à Pilate dans le nord, et il est venu à Port-au-Prince chercher du travail : sa fiancée, elle, est restée au pays en attendant qu'il lui dise de venir le rejoindre.

Mikerline a 30 ans et 3 enfants. Elle a trouvé un travail comme employée de maison dans les quartiers aisés de la capitale. Son mari est resté s'occuper de leur lopin de terre, sur le plateau central. À eux deux, ils parviennent à assurer une scolarisation normale pour leurs enfants, qui, chaque matin, en uniforme impeccable, vont rejoindre l'une de ces nombreuses écoles où l'on donne un enseignement sommaire aux enfants des pauvres.

L'eau : amie ou ennemie

Dans la capitale, près de deux millions de personnes s'entassent dans des bidonvilles. La consommation moyenne d'eau par personne et par jour n'y dépasse pas 30 litres, l'équivalent du contenu de six grandes casseroles. Il faut l'acheter par seaux, aux fontaines (leur nombre a augmenté depuis dix ans) ou au camion-citerne qui vient livrer dans le quartier.

À Port-au-Prince, l'eau provient à la fois des sources qui dominent la ville et de la nappe phréatique qui s'étend sous la plaine du Cul-de-Sac, à l'est de la ville. Or les environs des captages des sources, au pied des collines, ont été peu à peu occupés par les baraques des nouveaux arrivants. L'eau potable est polluée à cause de l'infiltration dans le sol des

Pour la plupart des habitants de Port-au-Prince, l'eau est devenue une obsession. Mille récipients alimentent la ronde permanente des enfants et des adultes qui transportent à toute heure du jour le précieux liquide dans ces seaux qu'on appelle des « bokittes ».

eaux usées et des déchets organiques. En plaine, cette pollution a déjà atteint la première nappe souterraine, et il faut maintenant forer jusqu'à 120 mètres de profondeur pour trouver de l'eau potable. Mais c'est une eau fossile, qui se trouve là depuis des milliers d'années. Quand on la pompe trop vite et trop fort, c'est l'eau de mer qui, par infiltration, vient la remplacer, l'eau de pluie mettant trop de temps à pénétrer jusque-là.

La mer polluée

La baie de Port-au-Prince sert actuellement de déversoir pour les égouts. Surtout par temps de pluie, les détritus qui encombrent les rues et les ravines ainsi que les eaux usées des zones industrielles sont ainsi déversés d'abord dans les bas quartiers, puis dans le port. Depuis longtemps,

il n'est plus question de se baigner dans la mer à moins de 30 kilomètres de la ville. Le poisson s'est fait rare. Les pêcheurs sont désormais obligés d'aller beaucoup plus loin, jusqu'à l'île de la Gonâve, que l'on aperçoit à l'horizon, pour s'assurer quelques prises.

La cause de tous ces problèmes est la concentration intensive de la population. Elle s'est effectuée sans l'implantation simultanée de services collectifs d'assainissement, et, de plus, dans des zones inondables en cas de pluie (comme Cité Soleil

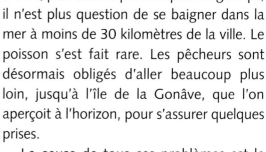

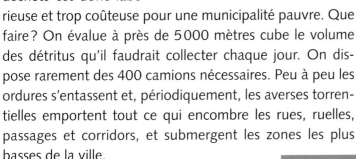

et ses environs, le plus grand des bidonvilles, qui compte un demi-million d'habitants). D'autres zones d'habitation, installées sur les flancs très escarpés des montagnes, sont difficiles d'accès, ce qui ne facilite pas les travaux d'assainissement.

L'évacuation des déchets est donc laborieuse et trop coûteuse pour une municipalité pauvre. Que faire? On évalue à près de 5 000 mètres cube le volume des détritus qu'il faudrait collecter chaque jour. On dispose rarement des 400 camions nécessaires. Peu à peu les ordures s'entassent et, périodiquement, les averses torrentielles emportent tout ce qui encombre les rues, ruelles, passages et corridors, et submergent les zones les plus basses de la ville.

L'érosion en ville

La violence de ces eaux est d'autant plus importante que, depuis longtemps à la recherche d'espaces disponibles pour construire, les gens ont bâti leurs petites cahutes jusque sur les polders d'ordures ou dans le lit des ravines, enserrant dangereusement ainsi les ruisseaux et les transformant en petites rivières, bridées dans un carcan de béton. Même celui-ci finit parfois par céder à la force du courant, qui emporte alors dans sa course ces mille obstacles.

Les pentes dominant la ville ayant été progressivement déboisées, l'eau charrie des tonnes et des tonnes de sédiments solides, qui se déversent ensuite dans les rues de la ville, comblant vite les bouches d'égout, quels que soient les (rares) travaux et les rénovations.

Même si les cyclones ont ravagé Haïti ces dernières années (particulièrement la ville des Gonaïves), ils font moins de dégâts dans le pays que les habitants eux-mêmes. La survie immédiate est pour la majorité une priorité quand l'État est inefficace pour résoudre ces problèmes.

Cette carence des autorités donne aux fléaux naturels une ampleur que ne connaissent pas les pays voisins, où l'État protège mieux les populations. Un gros orage peut tuer ici plusieurs personnes et isoler un quartier. Détruire des écoles mal construites et ensevelir des dizaines d'enfants. Submerger un ferry-boat hors d'usage, lors d'une tempête modeste, et noyer mille passagers.

Les cyclones, ces violentes tempêtes tropicales accompagnées de pluies brutales et abondantes, sont fréquents dans la région. Ils font en Haïti cent fois plus de victimes que dans les pays voisins. Le pays a connu en 2008 quatre ouragans, qui ont englouti la ville des Gonaïves, déjà frappée en 2004. Trois mille morts d'un coup, à cause du déboisement des collines, du ruissellement des eaux et de constructions aussi spontanées que fragiles. Avant et après, l'État s'est montré incapable. Ni prévention, ni information, pas de service public. Même si les victimes manifestent entre elles une grande solidarité, les secours viennent de l'étranger.

Les déchets s'entassent en général là où l'eau des pluies les a rassemblés. En bord de mer, il n'y a plus assez de pente pour les expulser. Seuls quelques rares cochons trouvent encore leur compte dans ces grands champs d'épandage de détritus.

Haïti a connu en 2010 la pire catastrophe de son histoire, amplifiée par l'absence totale de prévention. L'île d'Hispaniola est placée sur une ligne de faille, une zone d'activité tectonique, comme disent les géologues. Le pays n'avait pas subi de tremblement de terre depuis le XIXe siècle. Le séisme très puissant de 2010, dont l'épicentre était proche de Port-au-Prince, a détruit une grande partie de la ville et de ses environs, faisant plus de 200 000 morts et un million de sans-abri. C'est dire à quel point chacun est frappé par le deuil et la désolation. La reconstruction s'annonce longue, coûteuse et difficile. Et ne pourra se faire qu'avec des concours extérieurs massifs. Et la participation de tous les Haïtiens pour définir la nouvelle Haïti.

Le tremblement de terre du 12 janvier 2010 a dévasté Port-au-Prince et plusieurs autres villes.

Est-ce que ce sera enfin l'occasion de reconstruire tout le pays et de créer un État protecteur ? De supprimer les bidonvilles, de domestiquer l'eau et de l'apporter à chaque famille, de reboiser les collines, de prendre en compte la parole de tous, de décongestionner Port-au-Prince devenu invivable, d'aménager un territoire souvent à l'abandon, bref d'imaginer une ou des villes et des campagnes harmonieuses. Comme les représentent depuis longtemps les peintres haïtiens. L'enjeu est immense : transformer un malheur en chance pour l'avenir. En

finir avec une misère indigne et un environnement saccagé.

Le plus grand pollueur : la pauvreté

Le souci de l'environnement, à la ville comme à la campagne, n'est pas une simple question de réglementation. Il faut avant tout que tous acceptent et appliquent un certain nombre de règles communes, élaborées, par exemple, au niveau des associations de quartier. C'est par la prise en charge par chaque individu de son environnement immédiat qu'un effort général peut s'amorcer. Mais la plus grande source de pollution, c'est encore la pauvreté. L'amélioration des conditions de vie, l'espoir d'un avenir meilleur, est la première solution.

Pendant la dictature des Duvalier, pour mieux cacher aux étrangers et aux touristes les bidonvilles du centre-ville, on les a détruits et déplacés vers des terres insalubres et inondables à la limite de l'agglomération. C'est ainsi que Cité Soleil est devenue peu à peu une véritable ville satellite, la capitale de la pauvreté.

L'environnement est avant tout une question d'hommes. Quand 40 000 habitants s'entassent sur un kilomètre carré, comme à Martissant, c'est surtout à la « plante-homme » qu'il faut penser à donner de l'espace, de l'air et de la lumière.

Malice et les tambours du roi

CRIC! CRAC! Malice, le malin, a joué pendant sa longue vie de misère plus de tours à son oncle Bouki qu'il n'y a de cheveux sur ma tête. Il s'est moqué du roi plus de fois qu'il n'y a de petits matins. S'amendera-t-il un jour?

Cric! Crac! Par une nuit de clair de lune, Ti Malice pénètre, sans y être convié, sur les terres du roi. Il jette son dévolu sur un palmier bel et beau. Il l'abat, le décapite, le débite et avec les planches et les feuilles se construit une cahute sur la colline qui surplombe le château du souverain.

Cric! Crac! Le roi à son réveil découvre le méfait de Malice et jure de se venger. Il organise une journée de prière, de bamboche pour ses morts et y convie la Terre entière : les potentats, les zouzounes, les zotobrés des terres voisines et lointaines, ses sujets et amis, ses femmes, ses enfants du dedans et du dehors, les mendiants *men pòv* et même les resquilleurs, mais il omet d'inviter Malice.

Cric! Crac! Malice, fou de rage, fait le serment de contrer les projets du roi.

Que le tonnerre le brûle, il n'y aura pas de fête au palais!
Il mijote sa revanche. Au lever du jour, il se rend à la tête
de l'eau, là où l'on traverse à gué pour se rendre chez le roi.
Il s'y installe avec les musiciens et les tambours. Madame
Malice a apporté ses chaudrons, trépieds, travers de porc et
andouillettes, cives d'oignons, piments bouc, oranges sûres,
clous de girofle, ail, sel et poivre, pour préparer un bon grillot
de cochon accompagné de bananes pesées, de bananes et
patates douces frites. Sa commère Sor Réli est là aussi. Elle a
perché sur le haut de son crâne, bien calée sur un coussinet,
sa troquette, une bonbonne d'anis trempé dans du tafia. Ses
petits domestiques, ses «retavek», la suivent, écrasés sous le
poids de dames-jeannes d'alcool de canne parfumé au gin-
gembre.

Ce petit monde s'active. Au bord de l'eau, on construit une
tonnelle pour danser, on chauffe des peaux de tambours pour
les faire résonner. *Tak tikak tikak tak*, on boit de bonnes lam-
pées d'alcool pour chanter :

— *Tak tikak tikak tak!*

et un bout de mélodie qu'improvise Malice :

— *Matouzen, Malis ou gen rezon.*

— Les poissons mordent à l'appât, murmure Malice en voyant
arriver, de bon matin, envoyées par leurs parents, les filles des
nombreux invités du roi qui viennent remplir leur calebasse,
leur cruche, leur canari, leur fer-blanc avec de la bonne eau
fraîche de la rivière. Car, pour aller chez le roi, il faut être
propre et, pour être propre, il faut de l'eau. De l'eau, où y en
a-t-il? À la rivière, bien sûr!

Dès l'arrivée de celles qui de bon matin viennent chercher de
l'eau à la rivière, Malice les cueille, les accueille et les entraîne
sous la tonnelle pour danser :

— *Matouzen, Malis ou gen rezon.*

— *Tak tikak tikak tak*, scandent les tambours.

— *Sa k nan dlo a?* demandent les filles. Qu'est-ce donc que tout cela? insistent-elles.

— *Se plezi anhanhan*, le plaisir *anhanhan*, répond Malice.

Elles dansent et elles oublient tout, les parents qui attendent pour se laver, l'eau qui attend qu'on la mette en cruche, la fête chez le roi et le temps qui passe.

Trop occupées à danser, elles ne voient pas arriver, envoyés par les parents impatients, leurs frères haletants et transpirants sous le soleil déjà chaud. Elles ne les entendent pas non plus grogner quand ils voient leurs sœurs s'amuser sous les tonnelles comme des poissons dans l'eau :

— *Wòch non dlo pa konnen mizè wòch nan solèy*, les cailloux qui sont dans l'eau ne connaissent pas la misère des cailloux qui sont en plein soleil.

Dès l'arrivée des frères, Malice les cueille, les accueille et les entraîne sous la tonnelle pour danser :

— *Matouzen, Malis ou gen rezon.*

— *Tak tikak tikak tak.*

— *Sa k nan dlo a?*

— *Se plezi anhanhan!*

Les frères déboutonnent leurs chemises, tournent autour de leur nombril, dansent et oublient tout, les parents qui attendent pour se laver, l'eau qui attend qu'on la mette en cruche, la fête chez le roi et le temps qui passe.

Las de trop attendre, les invités du roi et les parents de ceux qui tardent tant à revenir décident de se rendre eux-mêmes à la rivière. Chacun pour soi jure de laver son linge sale en famille, *rad sal lave nan fanmi*.

Dès leur arrivée, Malice les cueille, les accueille et les entraîne sous la tonnelle pour danser :
— *Matouzen, Malis ou gen rezon.*
— *Tak tikak tikak tak.*
— *Sa k nan dlo a?*
— *Se plezi anhanhan!*

Les mères retroussent leurs jupes, les pères agitent leurs mouchoirs, ils écartent leurs enfants d'un coup de rein, ils dansent et oublient tout, l'eau qui attend qu'on la mette en cruche, la fête chez le roi et le temps qui passe.

La reine s'inquiète, les serviteurs ont abandonné le palais pour la rivière et les invités ne vont pas tarder à arriver. Intriguée par les roulements endiablés des tambours, elle prie le roi de l'excuser de devoir s'absenter, promet de revenir aussi vite qu'elle s'en est allée et dévale la colline. À la rivière, Malice l'accueille et l'entraîne sous la tonnelle pour danser :
— *Matouzen, Malis ou gen rezon.*
— *Tak tikak tikak tak.*
— *Sa k nan dlo a?*
— *Se plezi anhanhan!*

A-t-on jamais vu une reine aussi déchaînée se déhancher sous une tonnelle improvisée ?

A-t-on jamais vu un roi aussi essoufflé rejoindre ses invités, sous cette tonnelle de fortune, chanter et danser en l'honneur de Malice qui se paie sa tête ?
— *Matouzen, Malis ou gen rezon.*
— *Tak tikak tikak tak.*
— *Sa k nan dlo a?*
— *Se plezi anhanhan!*

Malice s'éclipse à l'arrivée du roi. Il le laisse danser et se vautrer dans le plaisir.
— *Se plezi, anhanhan!*

C'est le plaisir tout l'après-midi, le plaisir toute la soirée, et au petit matin, chacun rentre chez soi. Les plus nombreux rejoignent leurs cases en paille, d'autres plus chanceux leurs maisons en bois, les fortunés leurs maisons en dur, le roi et la reine regagnent leur palais.

— *Matouzen, Malis ou gen rezon*, susurre la reine sans bien comprendre le sens des mots qu'elle chante.

— *Matouzenzen,* chantonne le roi en poussant le grand portail de leur demeure.

Une surprise les y attend.

Cric ! Crac ! Le palais est illuminé, pourquoi pas, on attendait les invités. Le portail est grand ouvert, peut-être avait-on oublié de le refermer. Dans le couloir d'entrée, les tapis ont disparu ; dans les grands salons, plus de tableaux, plus de rideaux, plus de piano, mon Dieu, mon Dieu ! Dans la salle à manger, les nappes, la vaisselle, l'argenterie se sont envolées. Aïe ! Courons voir dans la chambre à coucher si les bijoux sont épargnés. Hélas, ils ont disparu eux aussi.

— Au voleur ! Barrez le voleur ! hurle la reine, terrassée.

— Au voleur ! *Bare vòlè ! Bare Malis !* s'époumone le roi, congestionné.

— Vaut mieux prévoir que de se lamenter, pleurniche la reine.

Si m te konnen ! C'est la vérité vraie que le chien qui vole les œufs de poule pour les manger continue à les voler, même si on lui a brûlé le museau. L'œil du maître fait grossir le cheval.

— Oh, *si m te konnen,* oh, si j'avais su, débite tout d'une traite le roi en jetant un regard désespéré sur son palais dévalisé.

Cric ! Crac ! Moi qui étais cachée sous l'escalier, j'ai pointé le bout de mon nez dehors, et j'ai claironné au roi :

– *Si m te konnen toujou deyè, wa,* roi, on dit toujours trop tard si j'avais su.
Voici, voilà mon conte.

Glossaire

Agro-sylviculture ◆ Mode d'exploitation du sol qui repose sur la combinaison sur une même terre des rôles des arbres et des cultures, où chacun permet d'améliorer les performances de l'autre.

Alizés ◆ Vents réguliers qui soufflent toute l'année au niveau des tropiques du nord-est vers le sud-ouest dans l'hémisphère Nord, et en sens inverse dans l'hémisphère Sud.

Arable ◆ Terre qui peut être labourée et sur laquelle peut pousser la végétation.

Arawak ◆ Population indienne appelée aussi Taïno, qui couvre un territoire s'étendant de la Floride jusqu'en Amazonie en passant par les Antilles.

Artibonite ◆ Le fleuve le plus important d'Haïti. Il prend sa source en République dominicaine et irrigue la plaine de l'Artibonite qui est actuellement le grenier à riz du pays.

Bassin versant ◆ Aire de collecte de l'eau qui alimente une rivière ou un fleuve.

Batey ◆ Ancien nom indien de la place du village chez les Arawaks. Désigne actuellement les plantations de canne à sucre de la République dominicaine.

Bayahonde *(Acacia comanensis)* ◆ Fabacée légumineuse qui pousse en régions arides.

Bokitte ◆ Récipient de 20 litres environ. Le mot vient du mot américain *bucket*.

Boucanier ◆ Aventurier français installé dans la partie occidentale de l'île de Saint-Domingue avant qu'elle ne devienne une colonie française, et qui faisait sécher et fumer (boucaner) la viande des bœufs sauvages pour la vendre aux navigateurs.

Campêche ◆ Arbre au bois dur et compact qui renferme une matière colorante puissante rouge ou mauve.

Cassave ◆ Galette de farine de manioc cuite sur une tôle chauffée.

Créole ◆ Descendant des esclaves noirs ou des colons blancs habitant les Caraïbes, et nom de la langue propre aux Créoles.

Christophe Henri (1767-1820) ◆ Ancien esclave, affranchi et ancien aubergiste; il participe au soulèvement contre les Français.

Après la mort de Dessalines, il devient roi de la partie Nord d'Haïti et construit, pour empêcher le retour des Français, une immense citadelle, la citadelle Laferrière, qui est l'un des ouvrages les plus importants des deux Amériques.

Couvert végétal ◆ Végétation qui recouvre et protège le sol.

Cultures vivrières ◆ Cultures qui fournissent des produits alimentaires à la population locale.

Cyclone ◆ Tempête d'une exceptionnelle violence accompagnée de pluies torrentielles.

Défrichage ◆ Élimination de la végétation spontanée pour rendre une terre propre à la culture.

Dessalines Jean-Jacques (1746-1806) ◆ Ancien esclave, il seconde puis remplace Toussaint-Louverture, emprisonné, dans la lutte pour l'indépendance d'Haïti. Il bat les troupes de Bonaparte et est nommé empereur avant d'être assassiné après deux ans de règne.

Docteur-feuilles ◆ Nom donné par les paysans haïtiens à l'herboriste qui connaît les plantes médicinales.

Duvalier François (1909-1971) ◆ Dictateur haïtien de 1957 à 1971. Ancien médecin, il devient un autocrate brutal entouré d'une milice redoutable. Son fils Jean-Claude lui succède jusqu'en 1986.

Écosystème ◆ L'interaction entre le milieu naturel et toutes les espèces vivantes qui le compose.

Endémique ◆ Cela signifie que ces espèces appartiennent spécifiquement à ce milieu naturel et qu'elles n'ont été ni importées ni transplantées.

Flibustier ◆ Nom donné aux pirates qui dévastaient les mers et les côtes des territoires espagnols d'Amérique.

Hévéa ◆ Arbre originaire de la Guyane dont la sève, le latex, sert à la fabrication du caoutchouc.

La Gonâve ◆ Île adjacente d'Haïti, qui ferme au nord-ouest la baie de Port-au-Prince. Ses côtes abritent de nombreuses criques où se regroupent des villages de pêcheurs. L'intérieur est montagneux et en partie aride. Dans les eaux qui l'entourent, on rencontre la plupart des 320 espèces de poissons que l'on trouve sur les côtes du pays.

Lakou ◆ Vient du français « la cour » et désigne l'ensemble des constructions bâties sur une parcelle de terre appartenant à une même famille ou à une communauté de voisins.

Lambi *(Strombus Gigar)* ◆ Gros coquillage à l'intérieur rose nacré, en forme de conque hélicoïdale, qui fournit une chair ferme et a servi pendant longtemps comme corne d'appel dans les campagnes.

Lavalas ◆ Torrent de boue qui au moment des fortes pluies descend brutalement des montagnes et emporte tout sur son passage.

Manglier ◆ Autre nom pour le palétuvier, dont on utilise le fruit (mangle).

Mangrove ◆ Zones littorales où croissent des buissons denses de palétuviers.

Mangue ◆ Fruit du manguier, de la taille d'une belle poire à chair jaune, avec un fort parfum de térébenthine.

Manioc ◆ Arbrisseau des régions tropicales dont la racine fournit, après avoir été râpée et débarrassée de son jus toxique, un féculent que l'on mange cuit sous forme de galette (cassave).

Meuble ◆ Pour que la graine puisse se développer dans le sol, il faut que celui-ci soit travaillé et fragmenté grâce au sarclage et au labourage.

Mornes ◆ Nom donné aux montagnes dans les Antilles francophones.

Nappe phréatique ◆ L'eau stagnante souterraine.

Nègre marron ◆ Le nom de l'esclave fugitif vient du mot espagnol « cimarrón » qui désigne un animal qui s'est échappé. Certains marrons étaient rattrapés par des milices spéciales de chasseurs d'esclaves et cruellement punis. Ceux qui parvenaient à se réfugier dans les montagnes survivaient dans de véritables refuges secrets et inexpugnables.

Pétion, Alexandre Sabès dit (1770-1818) ◆ Après avoir lutté pour l'indépendance d'Haïti, il refuse le système autoritaire de Christophe auquel il préfère la république. Il est élu président de la République d'Haïti de la partie Sud du pays. Après la mort de Christophe, la partie Nord sera rattachée au Sud.

Plantation ◆ Le système de plantation repose sur la culture d'un seul produit (monoproduction) et sur une exploitation utilisant une main-d'œuvre abondante et bon marché (esclaves ou travailleurs importés). La transformation est faite sur place grâce à un équipement intégré de type industriel.

Plateau continental ◆ L'aire du plateau continental, c'est-à-dire de la partie peu profonde de la mer le long des côtes, où le poisson est facilement exploitable. Le long des côtes haïtiennes, il n'est pas large (1,5 kilomètre en moyenne).

Pluviomètre ◆ Appareil qui permet de calculer la quantité d'eau de pluie tombée pendant une période donnée.

République dominicaine ◆ Ancienne partie espagnole de l'île de Saint-Domingue, occupe une surface double de celle d'Haïti pour une population équivalente en nombre beaucoup plus métissée.

Sarcler ◆ Arracher les mauvaises herbes et les racines avec un outil.

Scorbut ◆ Maladie due à l'absence de vitamine C et qui se manifeste quand on ne mange pas de produits frais.

Séisme ◆ Ensemble des secousses et des déformations de l'écorce terrestre. Elles constituent un tremblement de terre. La magnitude, échelonnée de 1 à 10, en mesure la force.

Sisal ◆ Plante fibreuse que l'on appelle « pite » en Haïti et qui sert à fabriquer la ficelle blanche dite « ficelle de lieuse ».

Taïno ◆ Autre nom de la culture arawak, qui était florissante au moment de la conquête espagnole. Elle se caractérise notamment par des poteries et des sculptures très stylisées et au dessin très pur.

Tonton macoute ◆ Membre de la milice créée par François Duvalier pour équilibrer le pouvoir de l'armée, particulièrement sanguinaire. Par dérision, la population lui a donné le nom des croquemitaines qui emportent les enfants pas sages dans leurs besaces (makoutes).

Toussaint-Louverture (1743-1803) ◆ Ancien esclave cocher à la plantation Breda ; il se rallie à la France révolutionnaire en 1794. Il est nommé général et gouverneur de Saint-Domingue. Il veut l'autonomie de l'île et refuse de se soumettre à Bonaparte qui tente par la force de rétablir l'esclavage à Saint-Domingue. Il est déporté en France où il meurt dans les cachots du fort de Joux dans le Jura.

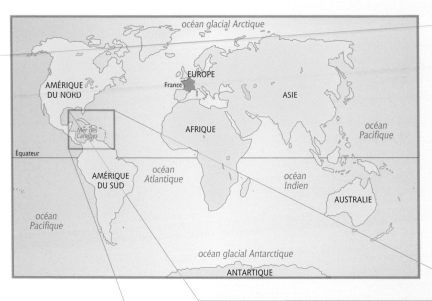

- L'île, née d'une irruption volcanique, est appelée Ayti par les Arawaks, ce qui signifie «terre montagneuse».
- Altitude : de 400 à 2 500 mètres.
- Relief pentu, jusqu'à 30 % d'inclinaison
- 1 500 kilomètres de côtes, océan Atlantique et mer des Caraïbes.
- Plateau continental sous-marin de 1,5 kilomètres de largeur en moyenne et de 0 à 200 mètres de profondeur.
- Température moyenne annuelle à Port-au-Prince : 28 C°.

- 00 mm/an eau dans les zones sèches, jusqu'à 3 000 mm/an dans les parties hautes des montagnes.
- Beaucoup de montagnes dénudées (54 % du territoire).
- Les plateaux, situés à 500 mètres d'altitude, et les collines sont le lieu de la petite agriculture traditionnelle (32 % du territoire).
- Les plaines – 14 % du territoire – sont le lieu des grandes propriétés, appartenant à quelques riches citadins.

Haïti : la « perle des Antilles »

Située dans l'hémisphère Nord, à l'est du golfe du Mexique, l'île d'Hispaniola est, après Cuba, la plus grande île de l'archipel des Grandes Antilles. Elle est baignée au nord par l'océan Atlantique, au sud par la mer des Caraïbes, à l'ouest par le golfe de la Gonâve. Elle est divisée en deux républiques : à l'est la République dominicaine, de langue espagnole (48 577 km^2), à l'ouest, Haïti, de langues créole et française (27 750 km^2).

De la colonisation à l'indépendance : une histoire mouvementée

Colons et esclaves

Lorsque Christophe Colomb découvre en 1492 l'île qu'il baptisera Hispaniola, elle est peuplée par les Arawaks. En quelques années, ils sont exterminés, victimes des maladies que les Espagnols installés sur leurs terres leur transmettent et auxquelles leur organisme ne sait pas résister, mais aussi du travail forcé que leur imposent les conquérants, et de la répression que ces derniers mènent lorsque les « Indiens » tentent d'y résister. La partie occidentale de l'île, abandonnée par les Espagnols, sera occupée à partir du milieu du XVIIe siècle par des boucaniers soutenus par la France. Les terres dont elle prendra officiellement possession en 1697 sont en friche, et leur population a quasiment disparu. Pour les cultiver, les colons français vont avoir recours à des esclaves capturés ou achetés en Afrique. Toute la richesse de la colonie baptisée Saint-Domingue repose sur l'exploitation de plus de 8 000 plantations de café, d'indigo, de coton et de sucre, et sur celle des esclaves noirs, dont le nombre atteindra plus de 450 000 en 1789.

La lutte pour la liberté

L'idéal de liberté et d'égalité auquel se réfère la Révolution française de 1789 fait espérer aux esclaves un sort meilleur. Depuis déjà longtemps, des esclaves luttent contre leurs oppresseurs, qui mènent une dure répression. La révolte de 1791 portera un coup fatal à la domination française. En 1794, le gouvernement français abolit l'esclavage, mais il est rétabli en 1802 par Napoléon Bonaparte, alors Premier consul, dont la femme, Joséphine de Beauharnais, est d'ailleurs la fille d'un colon de Martinique. Les Français tentent de reprendre possession de l'île, mais Toussaint-Louverture, ancien esclave, général en chef de l'armée de Saint-Domingue depuis 1797, s'autoproclame gouverneur et organise la résistance. Capturé et déporté par les Français, il meurt en 1803, dans le Jura, miné par le froid et le manque de soins. Henri Christophe et Jean-Jacques Dessalines prennent la relève, et parviennent à mettre en échec la plus puissante armée du monde de l'époque. Le 1er janvier 1804, Dessalines proclame l'indépendance de l'île, qui prend le nom d'Haïti, celui qu'elle portait avant l'arrivée des premiers colonisateurs, au XVe siècle... Haïti, dont la population est à 95 % noire et riche d'une multitude de cultures africaines, est le premier pays noir à acquérir son indépendance.

- Nommée *Ayti* par les Arawaks, *Isla Española* (Hispaniola) par les conquistadors espagnols, *Santo-Domingo* par les Espagnols, puis *Saint-Domingue* par les Français qui en font une colonie extrêmement riche au XVIIIe siècle, Haïti retrouve son nom d'origine à l'indépendance, en 1804, et devient la République d'Haïti.

- 9,3 millions d'habitants (2008)

- Capitale : Port-au-Prince

- Langues : créole, français

- Monnaie : gourde

Dates marquantes

Vers 1 000 ans avant J.-C.
L'île se peuple d'Arawaks.

1492 Le 6 décembre, Christophe Colomb « découvre » Haïti, baptisée Hispaniola.

1503 Assassinat de la reine Anacaona.

1517 Première déportation « officielle » des Noirs d'Afrique.

1530 Seuls quelques milliers d'Arawaks ont survécu à la conquête des Espagnols.

1630 L'île de la Tortue est occupée par les boucaniers.

1670 Les Français prennent possession d'Hispaniola. Autorisation officielle d'importer des esclaves africains.

1685 Le Code noir, édit royal, établit les rapports entre maître et esclaves.

1697 Le traité de Ryswick accorde la partie occidentale d'Hispaniola à la France.

1704 Première révolte des esclaves fugitifs appelés les « Nègres marrons ».

1758 Makandal, première figure emblématique des marrons, est brûlé vif au Cap-Haïtien.

1791 À l'initiative de Boukman, l'insurrection des esclaves du Nord ébranle définitivement la plus riche colonie française.

1793 Sonthonax proclame l'abolition générale de l'esclavage à Saint-Domingue.

1794 La Convention abolit l'esclavage et la traite.

1797 Toussaint-Louverture est nommé général en chef par le Directoire et se proclame gouverneur général de Saint-Domingue en 1801.

1802 L'armée de Bonaparte, Premier consul, reconquiert l'île. Toussaint-Louverture est déporté en France où il meurt l'année suivante dans le Jura. Jean-Jacques Dessalines et Henri Christophe continuent la lutte des anciens esclaves pour l'indépendance.

1803 La France rétablit l'esclavage dans les colonies, mais son armée est défaite à Saint-Domingue.

1804 Le 1er janvier, Dessalines, général en chef de l'armée des Noirs, proclame

l'indépendance de l'île qui reprend son nom d'origine : Haïti.

1807 Scission du pays. Pétion devient président de la République de la partie Sud d'Haïti. Henri Christophe devient le roi Henri Ier de la partie Nord d'Haïti.

1815 Abolition de la traite par le Congrès de Vienne.

1818 Boyer devient président d'Haïti, l'île est réunifiée durant vingt et un ans (1822-1843).

1825 Charles X « octroie » son indépendance à Haïti contre une indemnité de 150 millions de francs-or.

1848 Abolition de l'esclavage dans les colonies françaises.

1883 Lysius Salomon, président, propose aux paysans d'acquérir un champ de 3 à 5 carreaux (un carreau = 1,3 hectare), ce qui généralise la petite propriété.

1915 Occupation américaine jusqu'en 1934.

1957 François Duvalier est élu président de la République.

1971 Mort de François Duvalier, son fils Jean-Claude devient président à vie.

1986 Fuite de Jean-Claude Duvalier, en butte à la résistance du peuple haïtien et privé du soutien des Américains.

1990 Le père Jean-Bertrand Aristide est élu président.

1991 Putsch du général Raoul Cédras soutenu par les États-Unis.

1994 Intervention américaine et retour de Jean-Bertrand Aristide.

1996 René Préval est élu président.

2000 Victoire électorale controversée d'Aristide et de son parti, Lavalas.

2004 Bicentenaire d'Haïti dans la violence, chute d'Aristide, intervention franco-américaine, bientôt relayée par l'ONU.

2006 Réélection de René Préval.

2010 Séisme meurtrier à Port-au-Prince.

Traite et esclavage

À partir des grandes découvertes, au xvᵉ siècle, et pendant plusieurs centaines d'années, des dizaines de millions d'Africains sont arrachés à leurs villages, transportés dans des conditions inhumaines dans les cales des bateaux vers les colonies des Amériques pour y être réduits en esclavage sur les plantations.

Les navires, que l'on appelle « négriers », tout comme les hommes qui se livrent au commerce d'esclaves noirs, appareillent depuis les ports anglais, français, portugais ou espagnols, chargés de produits destinés à être échangés en Afrique contre des captifs. Ils repartent avec leur cargaison humaine vers les Amériques, où les esclaves sont vendus aux enchères, et d'où ils rapportent le sucre, le coton et le café destinés aux marchés européens. Ce système commercial très rentable, dont Saint-Domingue est l'une des plaques tournantes à partir de 1697, est appelé le commerce triangulaire.

Partout où ils sont exploités, les esclaves tentent de se révolter ou de fuir. Dans la colonie française de Saint-Domingue, en 1791, une révolte générale marque le début de plus de dix ans de lutte contre les soldats de la puissance coloniale, la France, qui restera esclavagiste pendant encore de nombreuses années après l'indépendance d'Haïti : ce n'est qu'en 1848 que l'abolition de l'esclavage y est proclamée.

Politique et dictature

Depuis l'indépendance, le pays a presque toujours vécu en république. L'isolement de chaque ville, vivant plus ou moins en autarcie sur son arrière-pays, a beaucoup atténué l'impact des régimes forts et des coups d'État qui se sont succédé à Port-au-Prince. Le pays a peu à peu glissé dans une semi-anarchie, provoquée par des conflits internes, que les États-Unis ont pris comme prétexte pour débarquer à Port-au-Prince en 1915. À leur départ en 1934, les présidents civils qui se sont succédé n'ont pas pu s'opposer au retour au pouvoir de l'armée (1950). En 1957, François Duvalier a été élu dans l'espoir qu'il saurait mieux comprendre les classes paysannes et pauvres. En fait, il se révéla très vite être un dictateur féroce, et, pendant quatorze ans, il fit régner la terreur. À la mort de François Duvalier, c'est un pays presque à l'abandon que son fils Jean-Claude va gouverner à son tour pendant quinze ans, aggravant encore l'appauvrissement, la déforestation et l'épuisement des quelques ressources encore disponibles.

Il faudra attendre 1986 pour que l'espoir d'un peu de démocratie revienne, mais il est déjà bien tard pour mobiliser citadins et campagnards autour d'un projet de développement et de mise en valeur des potentiels du pays (industries manufacturières, tourisme, agriculture de plaine…). L'instabilité politique, la fin des espoirs suscités par Jean-Bertrand Aristide et les interventions étrangères ne facilitent pas le sursaut espéré.

Économie et pauvreté

Tant que le pays, qui s'est et a été isolé pendant un siècle et demi des grands courants d'évolution, a pu maintenir un certain équilibre entre ses ressources et sa population, la vie en Haïti, fondée sur l'économie agricole, s'est

empêché la population de la capitale, Port-au-Prince, d'augmenter pour atteindre aujourd'hui près de trois millions d'habitants. La conséquence de cette évolution : les ressources par habitant sont parmi les plus basses de la planète, s'élevant à 1 100 dollars par habitant et par an. Ce qui signifie pour les trois quarts moins de deux euros par jour !

maintenue dans une sorte d'état d'insouciance heureuse qui fascinait les visiteurs. Aujourd'hui encore, le pays, avec moins de 50 % de citadins, est un des moins urbanisés des Amériques. La densité de la population pour l'ensemble du territoire atteint 346 habitants par kilomètre carré, voire plus du double si l'on ne tient compte que des seules zones habitables et cultivables.

Sous la dictature Duvalier, l'industrialisation du pays a été stoppée, ce qui n'a pas

De nombreux Haïtiens, mettant parfois leur vie en danger en embarquant sur de fragiles bateaux, quittent leur pays pour chercher du travail à l'étranger, aux États-Unis, au Canada ou en France. On les appelle les *boat people*. Grâce à leur salaire, dont ils envoient une partie au pays, leur famille peut vivre, malgré tout.

Santé et éducation

La natalité en Haïti est très forte. L'indice de fécondité (la moyenne du nombre d'enfants auxquels une femme donne naissance) est de 4,9, ce qui est plus du double de celui de toute la région des Caraïbes. Malheureusement, beaucoup d'enfants en bas âge meurent à cause de la malnutrition et de la maladie : le taux de mortalité infantile (nombre d'enfants qui meurent avant l'âge de 1 an) est de 62 ‰,

qu'elle dépasse 70 ans partout ailleurs dans la région. Il n'y a même pas un médecin pour 3 000 habitants en moyenne, et la plupart exercent en ville. La population s'accroît naturellement de près de 200 000 habitants par an.

Malgré les efforts très importants que font les parents pour permettre à leurs enfants d'aller à l'école, plus de la moitié de la population est analphabète,

ce qui est dix fois plus qu'à Cuba ou en Martinique. L'espérance de vie (durée moyenne de la vie) est de 54 ans, alors et la majorité des enfants ne poursuivent pas d'études secondaires.

Quelques livres pour mieux connaître Haïti

Pour les plus jeunes

AGNANT Marie-Célie, *La Légende du poisson amoureux*, Montréal, Mémoire d'encrier, 2003.

BARTHÉLÉMY Mimi, (voir aussi page 2)
> *L'Histoire d'Haïti racontée aux enfants*, Montréal, Mémoire d'encrier, 2004.
> *Dis-moi des chansons d'Haïti*, Paris, Kanjil Éditeur, 2007.
> *Crapaud et la clef des eaux*, Paris, Syros, «Paroles de conteurs», 2007.
> *L'Exploit des huit petits orphelins*, Editha-Les Éditions haïtiennes, 2007.

CONDÉ Maryse, *Haïti chérie*, Paris, Bayard, «Envol», 1998.

KORALEN, ill. de Barbara PRÉZEAU, *Flè Dizè*, Port-au-Prince, Bibliothèque nationale d'Haïti, 2004.

ROY FOMBRUN Odile, *Contes d'Haïti*, Paris, Nathan-Éditions du Soleil, 1985.

TROUILLOT Evelyne, ill. de Sophie MONDÉSIR, *L'Île de Ti Jean*, Paris, Musée Dapper, 2004.

Pour les plus grands

ALEXIS Jacques Stephen, *Compère général soleil*, Paris, Gallimard, «L'imaginaire», 1980.

D'ANS André Marcel, *Haïti, paysage et société*, Paris, Karthala, 1987.

BARTHÉLÉMY Gérard, *Dans la splendeur d'un après-midi d'histoire*, Port-au-Prince, Éditions Henri Deschamps, 1996; *Créoles-Bossales. Conflit en Haïti*, Matoury, Ibis Rouge Éditions, 2000.

BARTHÉLÉMY Gérard, *L'Univers rural haïtien*, Paris, L'Harmattan, 1991.

CORNEVIN Robert, *Haïti*, Paris, PUF, «Que sais-je? », 1993.

CORTEN André, *Misère, Religion et Politique en Haïti*, Paris, Karthala, 2001.

DEPESTRE René, *Hadriana dans tous mes rêves*, Paris, Gallimard, «Folio», 1988.

FRANKÉTIENNE, *Les Affres d'un défi*, La Roque-d'Anthéron, Vents d'ailleurs, 2010.

HURBON Laënnec, *Pour une sociologie d'Haïti au XXIe siècle*, Paris, Karthala, 1991.

HURBON Laënnec, *Les Mystères du vaudou*, Paris, Gallimard, 1993.

LAFERRIÈRE Dany, *L'Énigme du retour*, Paris, Grasset, 2009.

ROUMAIN Jacques, *Gouverneur de la rosée*, Montréal, Mémoire d'encrier, 2007 (nouvelle édition).

VICTOR Gary, *La Piste des sortilèges*, La Roque-d'Anthéron, Vents d'ailleurs, 2002.

WARGNY Christophe, *Haïti n'existe pas, 1804-2004 : deux cents ans de solitude*, Paris, Autrement, 2008.

Organismes s'occupant d'environnement à Haïti

- Institut de sauvegarde du patrimoine national (ISPAN), Angle rue Cheriez, BP 15190 Port-au-Prince.
- Fédération des amis de la nature (FAN) Haïti.
- Fondation Seguin Haïti.
- Groupe d'action francophone pour l'environnement (GAFE).
- Ministère haïtien de l'Environnement (MDE).
- Réseau d'enseignement professionnel et d'interventions écologiques (REPIÉ), Pétionville, Haïti.
- Université Quesqueya, Port-au-Prince.
- www.gafe-haiti.org

Table des matières

Crédit photos *Les chiffres renvoient aux numéros de page*

Conception de la couverture :
Gilles Colleu
Photos de la couverture :
1re de couverture : Fred Koenig
4e de couverture :
a, b, d M. Totaro
c, e, f et g C. Wargny,

3 © C. Wargny
6-7 © coll. privée, Grog
7 © photo C. Wargny (sculpture de S. Jolimeau)
8a © M. Totaro
8b © M. Totaro
9a, b, c, d © M. Totaro, Grog
10 © M. Totaro
11 © coll. privée
12a © M. Totaro (MOPB)
12b © M. Totaro
13 © M. Totaro
14a © M. Totaro
14b, c, d, e, f, g © M. Totaro
15a © M. Totaro
15b, c, d, e, f, g © M. Totaro
16 © M. Totaro
17 © M. Totaro
19 © M. Totaro
20a © M. Totaro
20b © G. Barthélémy
21a © coll. privée
21b © M. Totaro
22 © photo C. Wargny (sculpture de S. Jolimeau)
25 © M. Totaro
26-27 © coll. privée
27 © photo C. Wargny (sculpture de J. Balan)
28a © coll. privée
28b © M. Totaro
28c © coll. privée
29 © M. Totaro
30a © M. Totaro
30b © M. Totaro
31a © C. Wargny
31b © G. Barthélémy

32a © C. Wargny
32b © M. Totaro
33a © C. Wargny
33b © M. Totaro
33c © M. Totaro
33d © coll. privée
34 © G. Barthélémy
35 coll. privée
36 © photo C. Wargny (sculpture de J. Balan)
41 © photo C. Wargny (peinture de F. Pierre)
42-43 © M. Totaro
43 © C. Wargny (sculpture de G. Darius)
44a © C. Wargny
44b © C. Wargny
45 © M. Totaro
46a © M. Totaro
46b © M. Totaro
47a © C. Wargny
47b © M. Totaro
48 © M. Totaro
49a © M. Totaro
49b © M. Totaro
50a © M. Totaro
50b © M. Totaro
51a © M. Totaro
51b © M. Totaro
52 © photo C. Wargny (sculpture de G. Darius)
53 © photo C. Wargny (peinture P. Tarodj)
54-55 © M. Totaro
55 © photo C. Wargny (sculpture de Serge Jolimeau)
56 © coll. privée
57a © Jean-Christophe Stefanovitch
57b © coll. privée
58 © M. Totaro
59a © Charles Wood and the Florid Museum of Natural History
59b © idem

60a © idem
60b © idem
61a © idem
61b © idem
62 © idem
63 © M. Totaro
64 © photo C. Wargny (sculpture de S. Jolimeau)
67 © C. Wargny
68-69 © M. Totaro
69 © photo C. Wargny (sculpture de J. Balan)
70a © C. Wargny
70b © C. Wargny
70c © M. Totaro
71a © C. Wargny
71b © M. Totaro
71c © M. Totaro
72a © M. Totaro
72b © M. Totaro
73a © M. Totaro
73b © M. Totaro
74a © M. Totaro
74b © M. Totaro
75a © M. Totaro
75b © M. Totaro
76a © Jean-Christophe Stefanovitch
76b © Jean-Christophe Stefanovitch
77a © Jean-Christophe Stefanovitch
77b © M. Totaro
78 © photo C. Wargny (sculpture de J. Balan)
87 © M. Totaro
88-89 cartes © I & a
90 © M. Totaro
92 © photo de M. Totaro (peinture de Vania)
93a © M. Totaro
93b © M. Totaro
96 © photo C. Wargny (sculpture de J. Balan)

Achevé d'imprimer chez EBS à Verone, en Italie
Dépôt légal mai 2010